广州城脉

Guangzhou Chengmai

石碗 著

岭南美术出版社
中国·广州

图书在版编目（CIP）数据

广州城脉/石碗著.—广州：岭南美术出版社，2017.6（2022.4重印）
 ISBN 978-7-5362-6163-1

Ⅰ.①广… Ⅱ.①石… Ⅲ.①散文集—中国—当代 Ⅳ.①I267

中国版本图书馆CIP数据核字（2017）第041162号

责任编辑：王效云　李　青
责任技编：谢　芸
装帧设计：友间文化

广州城脉
Guangzhou Chengmai

出版、总发行：	岭南美术出版社（网址：www.lnysw.net）
	（广州市文德北路170号3楼　邮编：510045）
经　　销：	全国新华书店
印　　刷：	东莞市翔盈印务有限公司
版　　次：	2017年6月第1版
	2022年4月第3次印刷
开　　本：	787mm×1092mm　1/16
印　　张：	16
印　　数：	3001—5100册
字　　数：	322千字
ISBN 978-7-5362-6163-1	
定　　价：	68.00元

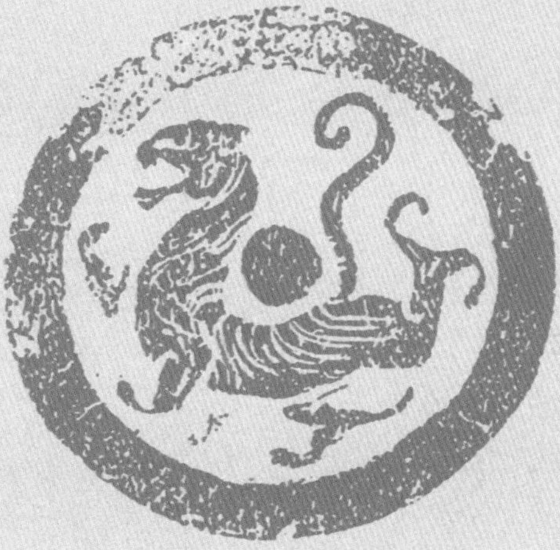

目录 CONTENTS

001—048　城市的回声
女孩·南越王墓 / 002
南越王宫苑 / 014
1700 光孝寺 / 030
南海神庙有碑林 / 039

049—104　城长一段古
城西荔枝湾，珠江一小角 / 050
广州，逝去的水城？ / 064
白云山间岭南史 / 077
越秀山，镇海楼 / 092

105—172 **时代风华**
  西关小姐 几代风华 / *106*
  葱茏繁茂 别样人生 / *117*
  东山新河浦之美丽遗留 / *125*
  东山底蕴 文明绵长 / *139*
  锦纶会馆：丝绸诗意飞扬 / *150*
  东平大押 羊城金融投影 / *160*

173—248 **流年荣光**
  广州沙面 / *174*
  黄埔村 非常古村落 / *189*
  名人不归田 古村成遗存 / *202*
  陈氏书院十年书 / *212*
  广州黄花岗：货真价实的历史公园 / *225*
  有生命的大元帅府 / *237*

249—250 **参考书目**

城市的回声

女孩·南越王墓

埃及金字塔,广州南越王墓,隔着时空对话。深藏于岁月中的真相,已风化成标本,唯有敏感、童稚、不掺杂质的心才更易与古老的历史对视。

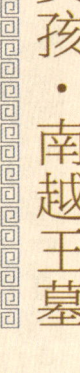

◎ 1983年，广州发现岭南地区年代最早的大型彩绘石室墓，并在此原址建西汉南越王博物馆，于1989年10月开放

七月广州，天气湿淋淋濡热。美国小姑娘艾达飞过太平洋，在同纬度的中国广州住下。

她来了解她妈妈的故乡。她妈妈的朋友，我的老公及我，带她去看南越王博物馆。

有点担心，艾达才13岁，去博物馆，她喜欢吗？

去问与她同龄的中国小女孩莹莹。莹莹说："不喜欢。我们喜欢溜冰，唱卡拉OK，不喜欢去博物馆看东西。"

忐忑着，又去问艾达。艾达一笑，说："喜欢呀。我喜欢历史，喜欢看古人怎样生活。"

我有点疑惑，这小姑娘，该不会因为是我的提议，她不好意思，在附和我？

第二天，我们一行爬上越秀象冈山。

那是大块堆积的红色岩石。是大片大片的红砂岩墓墙。

朝阳已经炽热。它通透的光投到墓墙上，立时，强烈的光束仿佛被吸收了——它凝固发热，在那里凝出更浓重的赭红来。

我们掂量着这浓重。

俩女孩站在光影中，望着眼前这2000多年的古墓，悚然肃然，伫立不动。

过了好一会儿，艾达才眯起美丽的眼睛，转身对我们说："两年前，我去了埃及金字塔。那是第一次看古墓。法老王，那样生，那样死，我非常吃惊，不知道该怎么说才好！"

◎西汉南越王博物馆主体楼，因陵墓主要石材是红砂岩，故展馆外墙也用红砂岩做衬面

象冈山腹　深深陵墓20米

久远的古墓开放，迎着俩女孩，开始讲古——

公元前203年，秦将赵佗在岭南建立了南越王国，自号武帝。赵佗有远见谋略，又开明勤勉，他在位掌权67年，开发了岭南蛮荒之地，为南粤文明奠定了基础。

但他的儿子，等不到坐上王位就死了。赵佗寿长一百多岁，他的儿子不及爹爹，赵佗无奈，只能把帝位传给孙儿。

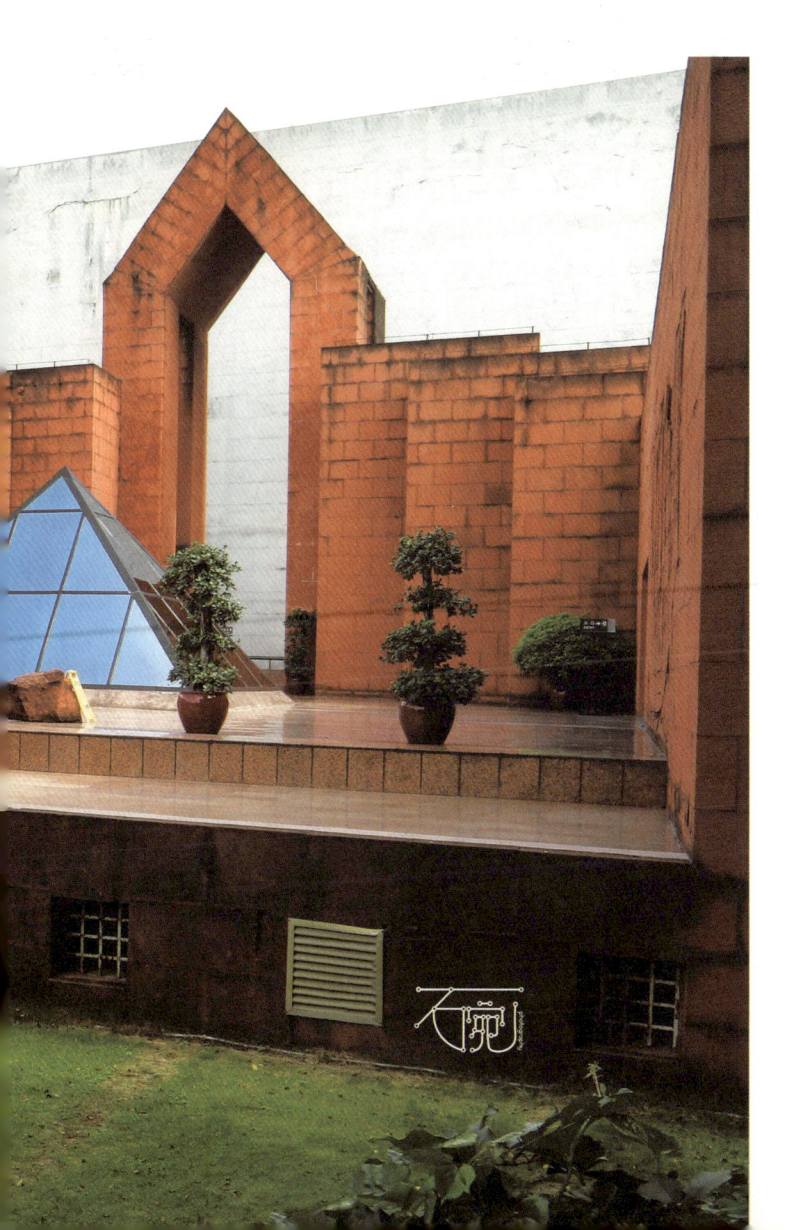

◎象冈山位于越秀山公园对面，2000多年前南越王赵眜深埋于此

◎ 南越王墓中发现15位殉葬人，截至2013年，出土珍贵文物1000多件（组）

他的孙儿叫赵眜。

赵眜立誓要把爷爷打下的江山传下去，并希望用文治达到久安，故而自号"文帝"。

但文帝不好彩。他身体不太好，体质弱，血气虚，没有力气多说话，人们便说他性格内向。

其实，赵眜多么钦佩叱咤风云、英气逼人的爷爷，多么想让身体健壮起来，好好地思考人生宇宙，管理国家人民啊！

赵眜竭尽心力去做。他鼓励农商，传递汉文明，又借汉朝之力，保护家国百姓不被侵略受涂炭。

赵眜努力着勉强支撑，活到43岁，就病死了。

现在的赵眜穿着丝缕玉衣，躺在透明玻璃盒子里。

恐怕他想不到，自己平平常常一君王，因为穿戴着2000多年历史，每天每天，会对孩子们产生那么深刻的冲击力。而且，这种强力影响，超过了他在生的长度——我私下揣度，假若他的灵魂悬浮于空中，每天看着这络绎不绝的孩子们，可能会觉得五味杂陈。

因为，他与他的陵墓，对孩子们来说，像冰层，像地矿，是盛宴，是死亡之歌舞，是从未体验过的神秘力量。

我晓得，那力量俟入墓道就扑面而来了。那会儿，我们鱼贯进入石墓大门。

凉飕飕地，一股阴气扑来，众游客都噤声，老公一直腰，头"砰"地就顶到了石墓上。

那硬石是躺在地底2000多年，陪伴着十几位死者的红砂岩石头——它们幽幽吐露了许多信息：

当时，它们矗立在距广州城20海里的番禺莲花山上，享受着和煦的阳光风雨。忽然有一天，有人把它们凿出来，再装船夜走水路，悄悄地运到象冈山山腹内。从此，它们没有再看见太阳，它们被一层层垒起来，砌成陵墓，足足深20米。

最大最好的石头做成了主墓室。

其次做耳室。它们看见，当年埋葬赵眛的时候，还有十几个活人，一起葬入坟墓中。

俩女孩听见了这信息。

艾达紧紧靠着我，说："阿姨，我怎么感觉怪怪的？"我笑，说："是有点怪啊，我们现在，是与两千年死尸在一起啊！"

艾达哆嗦了一下，打了个冷战。老公护住艾达，叫我别吓小女孩。艾达勉强笑一下，直起腰板说："我不怕！"

我说："不用怕！这石墓见光已经30多年了！每天都开放，游人很多，阳气很足呵！我们应是不怕的！"

但人类天生就有那样一种感觉。宇宙天地四维圆通，谁能说得清楚，这千年石头与已逝生命，不与活着的人们对话，不触动孩子的神经，用他们的方式，与孩子们交流呢？

女孩们紧绷神经，凝神屏气，沿着墓道，仔细观看。

她们的眼睛晶晶亮亮。

她们明亮的眼瞳里，分明看见了远古的商船，病重的国王，环佩叮当的王妃们，烹牛煮羊的厨子们。

然后他们都下葬了。

"好恐怖！"艾达说，"在埃及，有木乃伊，也有活人陪葬，也好残酷的！"

中国与埃及，中国与世界。

艾达说，她已飞过若干国家。她说，古中国与古埃及，就像两颗棋子，在棋盘上，那么近，彼此对望。

一时间，仿佛有汉乐响起来。国王升天了。生人陪葬，幡旗飘扬。车马甲胄，弓箭药石，宝剑扁钟，六博棋盘，食盒印章，都在活动，伸胳膊伸腿排着队，唱着歌儿旋转飞翔。它们排着队，哗哗啦啦地走出南越王墓道，与中东沙漠里的神秘木乃伊牵手。沙暴飞舞。

艾达呆立。好一会儿，她才问我们：想不通，他们怎么要活埋人？他们怎么能把活蹦乱跳的人弄进坟墓里，活埋了？！

这个问题貌似很简单。貌似可以用"统治者残忍"来回答。

但我隐隐觉得，历史的真相深藏在岁月中，离我们太远太远；且古人看待生死，也与现代人相异太大太大。所以，以我一孔浅薄，只能缄口不语，我不能误导孩子，用那最容易最简单的，作回答。

五色石　在讲什么呢

声称不喜欢看博物馆的中国女孩莹莹，这时很安静。她在研究五色石。

一会儿，她对我说："阿姨，这五色石，我见过的。我没想到，这石头那么古老！古人竟拿它来做长生不老药！"

"我在化学实验室见过这绿松石、赭石、雄黄，还有这硫黄和紫水晶。我知道这些石头，可以清热解毒，但不知道古人把它们磨成粉，做了五石散。这些东西，人吃多了，会中毒而死呀！"

我也相当吃惊。那些美丽的宝石与水晶，竟然是五石散的原料！

古人们，确切地说，可能就是这位南越王，常常在吃石头，吃多了，愈发体弱了，解不了毒，反而把自己吃死了！

艾达在一边，很用心地研究那铁杵臼。她问："这是什么？是用来做什么的？"

莹莹观察一下，回答说："这个铁杵臼，是用来给南越王捣药石的！"

我们都笑了。

这个南越王，果然身体不好。但是，每天他除了吃药，又是怎样养病调息的呢？

莹莹发现了搏棋砚墨。艾达发现了扁钟琴瑟。她俩对视而笑。嘻嘻，原来，在古代，没有手机，没有Ipad（苹果平板电脑），没有微信，没有电脑，他们每天就坐在那里下棋，敲扁钟，写字。然后，字写完了，就看靓女们跳舞，这生活，与现在不一样，但也不无聊，呵呵呵！

艾达叫，说发现了衣带钩。她认汉字不多，请教莹莹，莹莹答，此文写："墓中殉人随葬带钩有24件。材质或金或银或铜，形态或雁首，或蛇首，或鸭头，或鱼形，或龙形。"

艾达歪着头思考。然后说："哦，我知道了，这不同材质的衣带钩，说明南越国有贫富阶级了。"

莹莹低下头，重重地长叹气。显然，"阶级"二字刺痛了她。

◎根据赵眛生平绘制的《文帝史话》图，陈列于博物馆内

中国孩子压力山大。为了以后进入"好的"阶级，他们整天抱着课本，周末上各种补习班，每天好几个小时做作业。

艾达不理解："我们美国学生不这样累！功课在学校就做完了。空闲就去各种博物馆、图书馆。过生日，大家就在一起开Party（生日会）"。

她笑得很灿烂。说，放暑假，自己很轻松地来中国了。来了，就这么近地看南越王，了解中国历史，看看古人是怎样生活的。

快乐学习的美国女孩，不太理解苦逼的中国孩子；中国孩子，又觉得美国孩子学习太容易，觉得他们生活着，有点像活在幸福的童话里。

透雕龙凤纹重环玉佩　中国哲学

艾达晓得莹莹不开心，便用她的方式安慰小伙伴。很快，莹莹愁云消散，俩女孩英文中文地交流着，牵着

城市的回声　　009

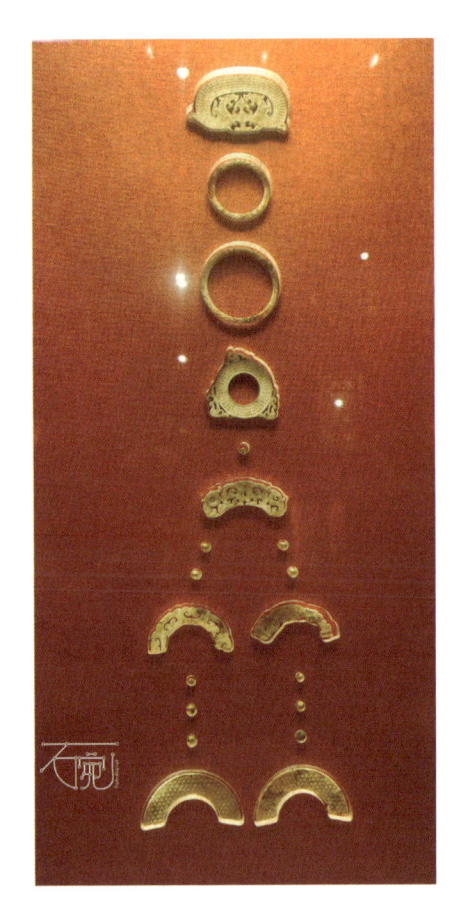

◎ 墓主组玉佩，由20个精美饰件组成

◎ 镇馆之宝——透雕龙凤纹重环玉佩

手，观看2000多年前，南越王赵佗治下的广州城。

那时，广州很小，城里居住着许多秦军官兵及家属。

街边草屋里，一定出了能工巧匠。他们制作的家用汤勺、杵臼，与我们现在使用的一模一样；还有那些构思漂亮的玉佩、玉杯、玉盏、玉盒，温润可人，离现在的艺术也是这么近！

走过秦汉的广州手工作坊，俩女孩来到那块镇馆之宝——透雕龙凤纹重环玉佩面前。

她俩惊呆了。

我们也怔住了。

这玉佩真的是巧夺天工，绝尘而来。

它由谁人设计？又由谁人雕刻？

它圆融沉厚，阴阳和谐。它用龙凤花纹，环环相衔，又是两重玉环透雕，沉甸甸，温润大气。

小女孩连连赞叹玉佩好美。但她们不明白那意义。

我说，古人对生命理解得好深刻！对世界人类的关系把握得好到位！如果不是这样，不可能做成这精品。

啊啊，2000多年前，那位，或那几位岭南无名大师，道破了中国古代哲学思想，人类依存发展之秘。人活着，不仅要读书考试做官员，还要阴阳龙凤环环相衔，家国人生与自然，必须相依和谐成圆满。

也可能，这和谐生存观已在南越国深入民心，那些无名大师，用艺术，用龙凤纹重环玉雕，沉甸甸地，将它做成了一个圆。

俩女孩可能听懂了。

艾达说："阿姨，现在我知道一点点，南越王生前怎么生活了。我也知道一点点，当时的普通人怎么生活了。感觉南越国离现在不太远呵！但是，这上面写着，它有2000多年历史，这是真的呀？"

她又自问自答说："美国，200多年，中国，广州，2000多年了？！"

我笑，强调说："是的，这南越王，作古已2000多年了。"

"2000多年？它有多长呢？"艾达歪着脑袋，13岁的小女孩，无法将2000多年历史具象化。

我想起她说过，在美国，每周要去教堂。于是，我说："就是比耶稣诞生的时间，还要长。"

"哦，明白了！"艾达恍然大悟，声音高了一度，比画着，"比耶稣诞生的时间，还要长啊！"

疑问墙　头罩玉璧那个孔

实际上，在博物馆，我们每个人，都可能听到自己生命里的某种呼唤。那隐秘千年的分子式与细胞，活是我，动是我，它与埋藏在地底的物件发生共振，击打声声，让肌肉绷紧，心跳加速。

这种心跳，让我们自然地要追问。

比如，南越王国在岭南统治了90多年，这几代君王施政如何？在他们治下，广州人民生活如何？目前，我们看到馆中呈现的是汉民文化，那么，当地的土著居民，都到哪里去了？

当然，博物馆不可能承载所有问题；面对问号，博物馆也没有把它变成句号。

博物馆尽可能地展现了那个久远年代的文物。他们把南越王墓中千余件文物展览出来，让观者去想去看。

我们停在一排海外器物展柜前。那些金花泡饰，镂空熏炉和漆盒、熏炉和深蓝色玻璃片，显然不是中国生产。它们一下把我们带出了岭南，带到了远方的大海上。

图说解释，赵佗立国90余年，力量强盛时，势力伸延东到福建，西抵云贵，南至越南中部，与北方的匈奴，并列号称"强胡劲越"。

也在那时候，南海丝绸之路已开辟。海船上、码头边，波斯商人、印度商人、东南亚商人、中国商

◎图为身着丝缕玉衣的赵眜。头罩玉璧上的孔，引来无数猜想

城市的回声

人，买卖着丝绸、茶叶、瓷器、镂空熏炉、象牙乳香，还有波斯帝国的金银器。

于是，人一闭上眼睛，就会看到一个古老城市的黑色轮廓现出来。在广东，在东南亚，人们开垦山岭，出海捕鱼，制作铁器铜器金银器。潮水起落，启明星升起，一个拥有广阔土地、统治了近一个世纪的强大南越国，就在大海尽头，迎接着涌来的一叶叶帆船。

我似半睡半醒，半醉半醒，在画面解说的细语里，被那些器物牵引着，走得很远很远。

好大一会儿，心钟才慢下来，才发现展厅只有我一人。赶快去找两个小女孩，远远地，看见她们停在一面墙前。

急忙走过去，俩女孩正专心致志，指点着墙上的东西。

见我过来，艾达轻声对我说，阿姨，这是一面疑问墙。莹莹也说，阿姨，这面墙不错，它让博物馆的这些"死的东西"动起来了。

◎ 墓中出土的炊具，述说着广州古人的日常生活

我也伸过头去，仔细看。疑问墙上面写：

"疑问一：南越王赵眜玉衣头罩顶部的玉璧，有何意义和功能？"

"专家观点：墓主灵魂由玉璧圆孔而出入。"

同学一答："汲取日月精华。"

同学二答："秃头。"

同学三答："为了下辈子有钱用。"

同学四答："为灵魂升天。"

我笑了，眼前出现一群稚拙认真的孩子们。

见俩小姑娘看得很仔细，我便问莹莹："你认为那玉璧有何用？"她笑，说："不明白，只能乱答。"

再问艾达，艾达说："我中文识太少，看不太懂。"

我低头，便想起了长沙马王堆里的千年女尸，以及女墓主墓中那幅快快乐乐、气氛热烈的升天图；当然，还有眼前南越王身上穿的那件丝缕玉衣，以及这墓里多达数百块的玉璧。

璧，是古人礼仪天地的重要用器。

南越王赵眜，用大量玉璧隆重虔诚认真地礼待上天，恐怕为的就是灵魂升天。他的同代人，也都相信上天存在，所以，才认真造墓，视死如生，相信人死后是可以通过礼仪让灵魂飞升，进入天国的。

我总觉得，古人比我们接近人类童年，他们每天仰望苍穹、思索生命，面对星空月亮大海山岭，会更多保留对上天创造宇宙时的记忆。

否则，他们不会那么认真，那么虔诚地礼待上天；也不会制作出那么多造化神工的玉璧了。

同时，我也固执地觉得，小孩子可能更容易明白过去。因为，他们更容易接近苍天大地。他们少有杂质，在与那些古老"东西"对视时，他们比我们更易感动，甚至更有奇妙触动。

所以，我相信艾达"想看看古人是怎样生活的"，其实说的是大实话。

也在那时刻，我与俩女孩一样，感受到广州城给予的博大丰富与瑰奇。同时，我也看见了这城市的，那种刀劈斧削的深刻与实在。

此后，我由不得自己，总要回望那座西汉南越王墓。

由不得自己，我动了要整理以前诸多匆忙采访的念头——我想，我应去寻找人们曾经的仰望，去追寻这座城市的足印与精神内核，为孩子，也为自己活出丰美厚实，去报答。

南越王宫苑

由土著「刀耕火种」的蛮荒五岭，九十年间，发展为一座「庞贝古城」，广州这座千年古城有着怎样奇妙的生长之谜？让我们从南越王赵佗的史迹中，去寻找广州接地气、低头务实的生命基因吧。

◎ 位于广州中山四路的南越王宫博物馆，馆内有西汉宫苑，也有秦汉至民国的遗迹、遗物

艾达从南越王墓回来后，瞅我有空，便用不太纯熟的汉语与我聊天。她说，在学校，大家都知道她懂中文，一遇到与中国有关的事，都会来找她。

"所以，"她说，"我要多多知道中国。回到美国，他们来问我，我要答上来。"

莹莹想练习英语口语，多了解美国，两个小女孩，便常常在房间里，嘀嘀咕咕，比画，做表情，看美剧，大笑，很开心。

夕阳西下时，俩人玩累了，就邀我到小区中央公园去，在满目阴凉里，看林木山湖，看椰树高高，闻香气淡淡的花草，瞅着麻石廊边水池，睡莲朵朵，被风吹过——水波圈圈传递，荡开，滑过黑白鹅卵石，波光粼粼。

艾达立在轻风中，赞：好漂亮，好凉爽！

莹莹应：我家住在珠江边，也这样，很漂亮，很凉爽！

城市的回声

俩女孩叹着美景，英语汉语嘀咕着，夜色悄悄落下来，街灯亮了，又有地灯串串延伸闪烁，在两公里长的公园里，梦幻般地星星橘黄。

走了半个小时，艾达停下来，说："我们那儿没有这样大。你们小区太大了。"

莹莹好奇，问："那，你们那儿是什么样？"

艾达说："我们住的是房子。"莹莹笑："肯定住的是房子啦！"

艾达比画着，说："不是这样大，有许多花园水景的房子。我们都是一家一家的。或者，是一个个很高很高的房子。"

莹莹听明白了。"知道了，你们住的是独院吧？别人家住的是摩天楼吧？"

艾达想一想，就点点头。

莹莹和我笑。我告诉她，中国是近年才建造了这样美丽宽阔的小区。20多年前，我们大家都住筒子楼。在古代，只有帝王诸侯们，才会建宫苑宫殿，住这么漂亮的、有水景花园的大房子。

◎南越王宫署御花园使用石材建造东方园林。图为部分遗址

艾达又好奇了,她问:"阿姨,你是说,2000多年前,中国的王,住的房子也漂亮吗?那在广州,那个南越王,他住的宫殿也很漂亮吗?"

我一下想起了南越王宫苑,便说:南越王家的宫苑,好靓好大,现在已经做成了博物馆。而且,据说是当今中国保存最好、年代最早的皇宫园林。在欧洲,同时期的著名宫苑或园林只有史料记载,有遗迹的,可能就只有罗马庞贝古城的维蒂住宅,还有罗马皇帝住的哈德良山庄了。

艾达大概知道有大理石喷泉雕像,有花坛常春藤棚架,有水渠小桥的维蒂住宅。也知道那坐落在山坡上,用溪、河、湖、池、喷泉统领全园的哈德良山庄。我说,这座南越王宫苑,当年就建在珠江边,它有曲流石渠,花园水景都很靓很精巧,与欧洲园林,有得一比!

艾达便缠着我给她们讲南越王宫苑。她摇着我的手,一双大眼睛充满了渴望。我太喜欢这个可爱的孩子,便倾我所知,断断续续地讲说南越王。

东方的庞贝古城

2007年,报社通知我去采访正在发掘的南越王宫苑宫署,面积大约有4.8万平方米。

那天,我按照指引来到中山四路与文德路老商业街丁字相接之处,这里车水马龙,生意兴旺,哪有什么发掘工地?赶紧打电话,才找到一铁架棚布围起来的"工地"。工地有一小门,门卫看守着,若无指引,谁能想到这里面,正在挖掘一座古代宫苑?

俟进发掘现场,人就惊呆了,心"咚咚咚"地跳。这片遗址好大好大,那种感觉,很像当年在西安,一下站到了秦代兵马俑面前,被那汹涌而来的兵阵,猛击,淹没了。

安静下来后,我们一行记者在宫苑负责人引导下,沿着弯曲的泥路,去参观。工地挖得很深,离地面有十余米。

◎宫苑曲流石渠弯月步石

◎遗址面积15万平方米,官署核心区域4.8万平方米

◎遗址出土的木简

城市的回声 017

◎图为西汉曲流石渠之石构水池

◎图为东汉水井

几个考古人员蹲在地底，在黄土坑中小心翼翼地清理瓦当残片。十几只木架，高高的，排排队列在他们身后；木架上，已堆了许多注有标号的"石头瓦块"。

宫署负责人指点着，介绍说，这个遗址，在1995年、1997年，就做了两次大的发掘。现在，宫苑的曲流石渠遗址清理出来了，一号宫殿遗址正在清理，那些古井也清理出来了，将来，计划把它们做成博物馆。

那天眼前一片空阔宏伟。站在遗址前，头脑空空，想象不出2000多年前的南越王宫苑是何模样。

当时，宫苑清理出了曲流石渠。有画家画了一幅很大的南越国美女倚栏图，放在石渠边。岭南美女都长眉大眼，细腰善舞，背景是山石亭阁鱼戏水。

美女图边，负责人介绍说：这下面就是曲流石渠遗址。你们看，那里有黑色卵石。那里是龟鳖骸骨。那里几块黄白色的大砾石，刚好呈"之"字形。如果放水进去，你们可以想象，这条长180米左右的曲渠回环婉转，延贯穿越着整个御花园。当年，这座岭南古园林里，一定有小桥流水，它流过芳草丛林。曲渠池水里，养了鱼儿，养了龟和鳖，它们洄游戏水，小桥上，后宫美女在那里赏鱼赏花。

还有那边，你们看，有这么多的古井，还有刚才你们看到的那些瓦当、八棱石柱、石栏杆、石门楣、大型铁石柱、铁门枢轴、绳纹板瓦、筒瓦，还有从一号宫殿挖出来的那些柱础构件，都在说明，那时候的广州和岭南地区，经济已经发展到相当水平了！

我在想，4.8万平方米的宫苑宫署有多大？大约占地有800亩吧！在这块800亩大的土地上，用了那么多石料，建了一个石构宫苑；而同时期，中国内地宫殿大都是木构呀！

◎图为清代水井

◎2007年，尚在发掘的宫苑开放，图为门口放置的西汉王游园图

还有，宫苑用的地砖很大，是95厘米×95厘米的大方砖！我们这代人还记得，20世纪90年代，大部分住宅装修的地砖是30~45厘米左右。而在2000多年前，岭南便能烧制这样大块平整不变形的方砖，那技术已相当了得了！

专家还介绍，这南越王宫署4.8万平方米的面积，只是计算了它的核心区域，如果按照遗址所有的面积，应有15万平方米。因此，专家说，它有点像欧洲的庞贝古城，应是东方的庞贝古城。

◎遗址内有12个文化层，图为宋代墙体

宫苑背后，那个王

艾达和莹莹听得很专注。莹莹说：阿姨，我天天住广州，真不知道，这南越王宫苑，像那消失了的庞贝古城！艾达说：真可惜，我没时间去参观了。阿姨，我想知道，它如果像庞贝古城，那要多少钱来修建啊？

我笑笑，说：它像庞贝古城，只是专家的一个比喻。专家们考古分析说，目前，埋藏在地下的宫苑应有很多座，而每座都是一组建筑群。

要做成这些建筑，当然需要很强的国力。就像你们在南越王墓看到的那样，那时，南越国已经相当繁荣了：人们种水稻，种果树，养猪养牛，捕鱼捞虾，又有制陶的、纺织的、造船的、做生意的，当地居民放弃了刀耕火种，经济快速发展。短短几十年，南越国变弱小为强盛，它的疆域，东西已长达万余里；北面，已地接五岭及江西、湖南；西北，跨进了广西红水河上段；西南，它甚至进入了越南中北部地区。

艾达、莹莹追问，那，这南越王是怎么做到的？

我沉思。我觉得，我也一下说不好。因为，关于赵佗，正史直接的记载并不多，更多考古尚未出来，我得再去搜集资料并条分缕析，看看那样一个年轻的赵佗，进到岭南之后在做什么，然后，才能复原这个在岭南人中威望极高且彪炳史册的开拓者。

用了十余天时间，我追着赵佗隐没在崇山峻岭的身影，断断续续，理出了一点头绪。

公元前214年，秦朝平定岭南，在南海郡下设置番禺、龙川、揭阳、博罗四县，二十多岁的年轻将军赵佗，出任龙川县令。

这位血气方刚的将军带着一队人马艰难跋涉。这一带山高水深，丛林之中，落叶厚厚堆积不见天日，蝮蛇潜伏着，瘴疠升腾着，赵佗他们要走出这山林，是看着头上太阳指引的方向走。

他们要去龙川，要走许多天路程。人烟稀少，他们往往要走百多里，才能看见溪谷之间，篁竹之中，有那么一个当地越族人聚居的小寨子。

越族首领或惊惶或敌意地对待他们。越族人走近前来，比画着叽里咕噜，赵佗努力微笑，也听不懂这种"鸟语"。向导来翻译，说，他讲，寨子里没有吃的喝的，你们快快离开吧！

这些年轻将士，只好离开寨子，跑到溪边，郁闷地吃干粮喝溪水。赵佗也又累又渴。但他头脑十分清醒，他知道，这些冰冷敌意的越人，就是他将要管理的百姓。过去，秦为征服岭南发动多年战争，汉人曾用刀剑对付他们，自己过去的统帅屠睢大将军，对越人野蛮屠戮，他血洗越人村落，连妇孺老幼也不放过。而愤怒的越人"皆入丛薄中，与禽兽处，莫肯为秦虏"。

此后，屠睢被越人射杀。秦军粮道被断，"伏尸流血数十万"，越军逼退秦军至五岭，赵佗也受命回援五岭，秦与越，双方僵持足有三年。

此后，秦始皇瞅着这样耗下去不是办法，便换帅。他派任嚣执帅印，赵佗任副将，再度出战。任嚣与屠睢不同，他的先祖任不齐是孔子七十二贤弟子之一，任嚣出身在这样的家庭里，耳濡目染，知道治天下，必行仁义，得民心。所以，他领着赵佗一帮年轻人，对越人刚柔相济，剿抚并用。数年后，岭南终于不再打仗，数十万秦军，在任嚣领导下，慢慢地在岭南驻扎屯边了。

但越人怎会忘记屠睢血洗村落的惨剧？而赵佗面对仇恨敌意的越人，脑袋里也出

◎龙川学宫故址简介（图片来自网络）

现了百越之地父失子，妻失夫，儿失父，哀鸿遍野与冷清凄凉的景象。

溪水哗哗，其声也怨。赵佗在溪水边蹲下来，掬起一捧水，冰凉凉地喝一口，啃一口干粮。他心里说，溪水溪水，你不要呜咽了。越汉这样仇恨的日子应该早日结束，我在龙川，就要让越人安宁富足，让中原人，也安心在这儿居住！在龙川，越人汉人男耕女织，定会和睦相处，太太平平过生活的！

心里说完这些话，赵佗感觉轻松好多，脸不再绷着。一阵松风吹来，任嚣元帅似乎又在叮咛：此行你去龙川，一定要好好守护治理这片地方！你知道的，这龙川，郡据上游，当江赣之冲，为汀潮之障，固三省（粤、闽、赣）咽喉，四州门户。守护好了龙川，就等于守住了半个岭南。你管辖的，不仅仅是龙川，还有河源、和平、连平、兴宁、五华，以及新丰、陆丰、海丰、紫金等地，那里地广人稀，到处是原始森林，丛生草木和瘴疠啊！

还有，你一定要想办法与当地人搞好关系。咱们中原庙堂之人称他们是"半人半兽"和"蛮子"，你知道他们还没开化，你必须去引导他们，与他们一起，守护好这两万平方公里的辖地。大家要同心合力，把这片蛮荒地，变成良田啊！

赵佗深深地吸了一口气，他知道，自己肩负重任。握了握拳头，他笑了，心想，自己年轻有力气，一众弟兄生龙活虎，那些困难和问题，咱一个个去解决，老元帅的期望，咱也会将它变成现实的！

深山密林里，一轮明月高悬在天。空气中散发着一种甜甜的味道，是原始森林里那些新生的树与草静悄悄地在给力。赵佗满心欢喜，感觉自己信心充足。

不远处，向导与兵士们在忙活。他们选了一处干地，劈开树木，砍来藤条，扎起了几座简陋的干栏屋。

赵佗与谋士们走进干栏屋。他们没有睡意。深山寒冷，将士们用军用铁锅点起了篝火。一群热血青年，围坐在篝火边，七嘴八舌，议定了在龙川设政区，筑城池，建治所，凿井灌田，传播中原文化，改变当地越人陋俗等计划。

月亮渐渐落下去。晨曦渐渐露出来。太阳跳上树梢，百鸟欢叫在森林的时候，赵佗他们又上路了。

路上，他们经过了紫金。那里山势雄浑，四野开阔。赵佗他们奔向山顶，欢呼跳跃，站在巨石上指点江山。远处，一道泉水长流，上，可眺河源、龙川之远景；下，可望归善与博罗；东，则见义容与青溪；西，就是那逶迤起伏的罗浮山系，蜿蜒流淌的东江中游水系。

昨天，他们议定施政纲领。今天，眼前这片壮美河山展开在他们脚下，昨天的蓝图，变得具体实在了。

一晃眼，五六年过去了。

龙川越族结束了"刀耕火种"。赵佗实行"垦辟定规制"，把中原先进的耕种技术及土地利用方式，规范成制度，传给越族人民，令他们播种的庄稼，产量大幅提升；又亲自带着部队，指导越人开荒辟田，兴修水利，凿井灌田。这样，水源得到固定，越人汉人都不再看天吃饭，粮食产量大大提高，人民丰衣足食，安居乐业，生活日渐富足起来。

这五六年间，赵佗每天起得很早，兢兢业业做事。修建佗城时，他带着部下沿东江上游一路行走，选取若干个地点，挖土称重，然后，又一一比较分析，最后，把泥土最重的区域，定为县城城址。然后，他带着大家打了五口井，井打得非常大："周围二丈许，深五丈，虽当亢旱，万人汲之不竭。"现在，佗城还存留一口越王井。

有了可饮的甘甜之水，有了可灌溉的浇地之水，赵佗思虑最多的是从哪里取得安邦睦族之活水泉，来滋养自己及官员干枯的心田。

《史记·郦生陆贾列传》记载，公元前196年，汉高祖刘邦派遣大夫陆贾出使南越，劝赵佗归汉。赵佗曾问陆贾曰："我与萧何、曹参，孰贤？"曰："王自贤。"赵佗又问："我与汉帝孰贤？"

对话里，赵佗用"贤"做准尺，摆明他的政治理想是做仁义贤明的君王。

《史记》记载这段对话的时候，是在赵佗做了南越王好多年之后。

然而，当年英气逼人的年轻赵佗，在确立自己的人生理想目标之前，也是寻寻觅觅，寻找得很辛苦。

就是与我们80后、90后相当的这年龄，赵佗在血与火，刀与剑，太多杀戮的战场上度过。他到达龙川，修城池，打井，处理琐碎杂事，之后便会梳理治县思路，思考自己的理想目标。

比如，越族人祖上有争斗打架的习惯。为争土地边界与水源，往往会聚族而动，两个部族打得头破血流，甚至闹出人命来。

又比如，越族人认为山川均有神灵，汉人不祭拜神灵就掘土伐木，定会受到惩罚，故而，越人成群结队，以死相抗，不让秦军兴土建城。

每天每天，赵佗面临的，都有让人挠头的烦心事。他常常思索着，要怎样，才能让治下的人民平静安稳，得享太平。又应该制定什么规矩，才能使人民和睦相处，彬

◎ 位于龙川县佗城光孝寺内的越王井，是赵佗的汲井（图片来自网络）

彬有礼。

公元前肯定没电脑。大量先贤的教诲，都要靠士人辛苦保护的竹简来保存。而岭南边陲山高水远，赵佗要学习，要寻求真理，与现代人一头就可以扎进书海，敲击键盘的这种方便，真是一个天，一个地。

但赵佗就是那个超越平凡的杰出青年。

有一天，赵佗听说，楚国有个遗民名士叫霍龙，为避战乱隐居在龙川山中，潜心著述治世之学。赵佗听到消息喜出望外。他觉得自己找到了一件宝贝，立刻备下厚礼，请当地长老代请霍龙出山讲学。

但山中霍龙认为赵佗是个杀人魔头，断然拒绝与他合作。

一县之长的赵佗，血气方刚的将军，被一布衣遗民搞得下不来台，在长老面前，这面子往哪里搁？

但赵佗就是那个出类拔萃的、胸有大志的青年。

他亲自进山拜师。他穿上布衣，背上包袱，翻山越岭，来到霍山太乙寺院进香。然后，通过寺院住持介绍，恳请霍龙收他为徒。

山中故事，其间曲折，没有惊心动魄，却也艰难非常。难得的是，赵佗终于以诚实殷切寻求真理之心，感动了霍龙，收他做徒弟了。

从此，赵佗在山中认真学习圣贤之道。早晨，他跑马射箭。白天，听老师讲授孔孟仁爱礼仪。太阳下山了，师徒两人，伴着月亮松风，林间寺前，议论天下之事。

赵佗在山上待了好多天，终于，县上许多政务要他回去处理，他必须下山了。

此时的霍龙，已经被赵佗的诚意感动了。他答应赵佗，自己会出山主持民众教化。

山中送别，师徒二人终是依依不舍。走了一程又一程，霍龙拱手说："大人志行高洁，豪气干云，日后必有大成呵！你是父母官，要记得，须用诗书化国俗，以仁义和人心，方能治理好天下呵。"

赵佗记住了老师的教诲。他运用中原圣贤治理天下的仁义之道，在龙川兴教办学，推广汉字。后来，兴教遗风泽被后世，此地民间争相兴办自己的族学，也把学校办在宗祠里，还设立了"儒资谷""学田"，专门资助读书人。

非常了得南越王

心中有了目标理想，赵佗后半生就奔着它努力工作。

在龙川干了五六年，赵佗为民众做了许多事。

公元前209年，任嚣病重了。病危时，他召见赵佗，命他为南海尉。并嘱托他，要建立南越国。

赵佗遵嘱建立了南越国。他将龙川实施的政策扩而大之：在政治上，他实行郡国并行制，实施中央官制和地方官制，确保政治上统治有效；军事上，设将军、左将军和校尉制度，又将军队分为步兵、舟兵和骑兵，确保对军队指挥有效。

文化方面，赵佗在岭南推广汉字与儒学，让孩子入学，早早开始学习圣贤之道。赵佗实行"和辑百越"政策，让越人参与管理政权。赵佗号令汉人尊重越人风俗，还说自己是"蛮夷大长"，在一些边远地区，他让越人部落自治⋯⋯

正是因为实施了这些治国方略，岭南渐渐改变了落后蛮荒面貌，百姓安居乐业了，海上丝绸之路开启了，南越国的国力也增强了。

◎ 赵佗雕塑（图片来自网络）

应该在这个时候，南越王宫开始建设了，广州城也开始建设了，广州文明，也因此有了最初的根基。

听到这里，两个小女孩大概搞明白了。

只是，我觉得她们可能对政治，对社会，理解不了那么深。

艾达走的国家多些，参与社会活动多些，但她毕竟也是小女孩，我不清楚，对我讲述的南越王，她们能够理解多少。

但是，两个小女孩反应很快，她俩从自己知道的事情，来切入、来理解古代广州。莹莹说：阿姨，我现在有点了解南越王了。我也知道，广州原来是很小很小的。我同学的妈妈讲，过去，广州就是大东门至西门口那么大。现在的天河体育中心，二十几年前，就是郊外飞机场！

我笑，呵呵，天河体育中心原来就是郊外飞机场！

我又对艾达说，现在中国第三大城市广州，很早很古的时候，原来只是一小片。要是坐地铁，广州的范围，到了清代，才有从西门至东门（即西门口至农讲所）三站地那么大。现在，连同上下站停车时间，地铁走六七分钟，就把古代广州走完了！

我的脑海中，出现了那张广州古代城址变迁图。一代又一代，人们从四面八方涌入广州，一圈又一圈，广州渐渐扩展成了现代化大都市。禁不住就想：这城市最初的圆点，一定留下了某种基因，影响造就了这个城市；其精神源头也注入后人的生命中，形成了某种特殊的、稳定的城市特质。

接地气　低头不骄傲

所以，很自然，我仍然注目于这最初开拓广州的南越王，我也把当年了解的一些细节，告诉两个小女孩。

那年采访时，我在南越王宫署看到了八棱石柱、石栏杆、石门楣、大型铁石柱、铁门枢轴、"万岁"瓦当、绳纹板瓦、筒瓦和铺地印花大砖。之后，又特别留意去看观众留言簿。其中，几个中学生的留言，给我特别深的印象。

"考古人员好辛苦啊，很有价值哦，古代人很厉害！""考古人员太辛苦了，发掘了很多残片，整理很麻烦。"

几个中学生伸出大拇指，大赞古代人很厉害。很直观的，他们看到了两个现实：一个是——考古人员好辛苦；一个是——古代人很厉害！

他们叹服赵佗奠定了岭南文明的根基，领着军人、百姓，建造了如此巧思设计的南方园林。

但他们可能不晓得，赵佗这群汉人，来到蛮荒之地，就落叶生根，发枝长大了。而另一群汉人，却过不了五岭，大批大批地在瘴气湿毒中毙命了。

城市的回声

赵佗的厉害高拔之处就在于：他最接地气。他很实在，不飘在半空想当然。他不狂妄，不骄傲，不藐视他人甚至他的敌人，他懂得低下头来，谦卑地向当地人学习，他懂得，只有了解并适应瘴气湿毒，才能在岭南活下来，才谈得上建立政权。

秦军进入岭南，赵佗就明白了，他的部队要活命，就必须喝无毒的水，吃无毒的粮食果蔬。

必须做的，与生存息息相关的，就是要询问当地的越族"蛮子"：这种果蔬能吃吗？这条溪水能喝吗？

这是最简单的事实：秦军不与百越合作，就会大批死人！至此，赵佗他们制定了"和辑百越"政策。后来，他又让越人参与管理政权，并号令汉人，要尊重越人，入乡随俗。

就这样，从北方过来的十万兵士，得以在岭南这蛮瘴之地存活下来，并生育繁衍了。

其实，自任嚣与赵佗走进岭南，在广州建城之初时，低头务实就成了这个城市的灵魂。

赵佗也因此活了105年。

关于他的长寿之秘，有许多解读。比如，有人说那是越王井水质特别好，但广州本地一位大医的解释让我特别信服，他说是赵佗自己懂得顺应生命法则，予以五脏六腑适合的喂养，吃什么不吃什么，他都听从了身体说话。他排毒应该很正常，脏器能够各司其职平衡运作，所以，赵佗健康愉快地活着，活了105岁。

一个身体康健、心境美好的君主，八成会精力充沛、乐观豁达。

他的治下受其影响，也会健康活泼，热心做事。

于是，在一个健康、亲民、"和辑百越"的君王治下，南越国几十年就跨越了"刀耕火种"，成为令中原大国不可小觑的"劲越"。

感谢留下千年故事

13岁的莹莹和艾达对这些细节好像记住了。

月亮升得很高的时候，我们送走了莹莹，回到家。艾达坐在床上，打开电脑，说："今天我知道了很多很多，我要写字了。"（艾达说的写字，就是写日记。）

我坐在电脑前，也开始写字了。

我们要感谢。感谢考古人员辛苦工作，挖掘整理出那么多残片，让我们看到历史的长度与价值。

我们要感谢。感谢考古人员刻意地保留了广州城的宝贝——"近两米高的文化层柱"，从秦代到现代，十几个朝代老百姓使用的生活用品，盆盆罐罐，房屋残料，让我们可以立体地去看，广州这个城市，如何在2000多年前的根基上，一朝一代地生成，长

◎宫苑遗址上，发掘出清代广东承宣布政使司署遗址。抱鼓石为布政使司遗物

大，变化，发展。

我们也感谢。2012年，世界历史遗址基金会公布，中国南越王宫被列入"2012年世界遗址观察名单"（其他入选遗址还有越南下龙湾、秘鲁纳斯卡线、土耳其朗姆孤儿院、波兰圣帕拉斯科娃大教堂等），国内，南越王宫遗址被列为全国重点文物保护单位。

我们还要感谢，广州对南越王宫的考古研究与文化研究仍在继续着。

我们要感谢，博物馆里那清晰单纯的玉振声响，以及那经过许多修复之手，恢复了生命的大量残片与不朽的石柱石砖。它们悄悄发声，静静述说千年故事，它们把这个城市最活泼、最童年的状态，在博物馆里演示给我们看。

置身于庞大宫苑，我们如鱼儿般溯游到公元前，嗅着找寻前人踪迹。而且，我们知道，我们不仅仅止于前人的追寻，更是追问根底，追寻触摸到了他们背后的探寻。

城市的回声

1700 光孝寺

1700年历史的光孝寺已成为岭南城市的印记,时光流转中,它见证着广州对外来文化的包容,广州人对宗教文化的精神需要。

◎光孝寺寺址原为南越王建德王府，三国虞翻后人始辟为佛寺。图为大雄宝殿远景

在整理采访时，曾经的见闻会不时触动心弦，让人眼睛再亮。

但那些采访零散，毕竟，当年追着新闻而去，在经过历史廊道时，几乎是飞掠而过，对广州东汉、三国、西晋东晋、十六国南北朝、隋、唐、宋、元这长长的历史，我都来不及细看。

现在，是时候去了解、理解这座千年古城了。

我重新去问老广州。

老广州指点说："你应该去光孝寺。广州俗语说：'未有广州，先有光孝'，去了光孝，你就明白了。若还有需要，你还可以去光塔寺、华林寺、六榕寺和南海神庙看看啊！"

啊啊，我忽如醍醐灌顶，我怎么忘记了，在欧洲亚洲，在世界各地，保存最好的建筑，就是那些神圣教堂，巍峨庙宇啊！

光孝址基　赵王家

光孝寺就在中山四路附近。

那天，我走出西门口地铁站，不远，就见到一座"基督教光孝堂"。此基督堂建于1921年。一守门老人说，隔不远，还有一座"基督教锡安堂"，建于1901年。

我问老人家，要去光孝寺，怎么走？老人很和蔼，指着门前路，说："向前十分钟，一会儿就到了。"

这十分钟走过的街道，好像跳脱了现代广州。马路不宽，街道很窄，低矮的小店铺花红柳绿，售卖着冥纸供香及蜡烛。几家推小车的看相生意人挤在道上。小车上，大书"神婆"招帜，旁有小字说明："看相高手，风水，八卦，手相，命相"。

前面一条横路是"净慧路"。路对面，一座宏大寺庙拉着横幅，上写："恭逢六祖圣诞 诵经传灯祈福大法会"，我想，这应该就是光孝寺了！

◎三国虞翻后人施其宅为寺，名制止寺。东晋时，昙摩耶舍到广州在此建佛殿，改寺名为王苑朝延寺，南宋改名光孝寺。图为光孝寺山门

◎大雄宝殿始建于东晋，清顺治十一年（1654年）改建

避过车辆，我穿过横道线，心里有些堵得慌。

那厢神婆，借光投机，让人闹心；不少小店，售卖冥纸供烛，阴气森森，冰冷散发到整条街面。

稳稳心，我走进光孝寺，安静下来看简介。

原来，光孝寺址最早是南越王赵佗玄孙赵建德的住宅。三国时，吴国骑都尉、易学家虞翻被流放南海，居此讲学，时人称为"虞苑"。虞翻逝世后，家人捐宅为寺，匾为"制止"，光孝历史，由此而始，迄今1700余年。

原来，这光孝寺承接着西汉历史！此处脚下，我踩着的，原来是南越王玄孙赵建德的宅地！

还有三国人物！

这位虞翻也甚是了得，他得罪了孙权，被流放到广州，谪戍之后，虽系罪放身，但他坚信生命有多重价值。

在此地，他超越了流放之苦，兀自埋头，一灯如豆，在《易经》里上下几十年。他写下《易注》九卷，吸引了许多门徒，常来听课者，竟然有数百人。

虞翻讲易　达摩洗钵

伫立在古老庙宇前，似乎可以把这个城市的骨骼经络摆搭起来了。

在南越王墓及南越王宫苑，我们看到西汉时期，中原文明进入广州，与百越文明融合，并接纳海洋文明影响。

在光孝寺，我们看到岭南变成吴国属地后，从吴国来的虞翻，开始在"獦獠"居住的化外之地讲授《易经》，中国文化中最具影响力之一的易学文化，开始进入广州了。

广州人，因为远离了中原战乱涂炭，他们衣食丰足，生活安宁，便感觉到心与头脑都有强烈需要——他们开始把手举向上天，索要精神食粮了。

抑制住少少兴奋，我徜徉在光孝寺，去看始建于东晋的大雄宝殿，南朝时达摩开凿的洗钵泉，唐代六祖慧能的瘗发塔，南汉铸造的千佛铁塔，宋代修建的伽蓝殿、六祖殿，以及碑刻、菩提树，等等。

走得有些累了，就停下来，在几棵古榕的阴凉中歇息。太阳钻入云间，光影慢慢暗下来，人影绰绰，进进出出，1700多年的人物故事便零散倒放。

各间殿堂间僧人穿梭。昙摩耶舍、智药禅师、达摩、慧能、鉴真，等等，中外人物来来往往，诵经声中，外来知识得以传播，广州先民，就在这里，糅合中西，融化玄学，丰富人际相处规则，让岭南文化开始多姿多彩了。

有点惊奇的是，这座寺院一直没有挪动。只是，它的相对位置有些变化：最先，它在城市边缘；其后，它被圈入城市之中；再其后，它被包裹在了城市中心。值得庆幸的是，不管广州怎么变动扩展，朝代如何更迭，也不管执政者使用何种宗教政策（光孝寺于唐武宗时曾改为"西云道宫"，宋宣和元年，即1119年改为道宫），它都没迁改地方，一直是广州百姓养心净心，探寻人与人、人与自然和谐相处之道的

◎ 西铁塔铸于公元963年（南汉），原七层，现仅存三层。其宗教文化、艺术、历史价值，居于广东仅存铁塔首位

活动场所。

十分难得的是，这座禅寺已经存在了1700多年！而人的寿命最长不过百岁！以我们有限的人生观想面前的物事，那一石一树一殿的生命，超越了人的生命，这超越，仅一个能够延续1700年，就足以赢得我们的探究与深思。

如此穿行千年，我停停，再走走。

大雄宝殿前香烟袅袅。东晋时，嗣宾国三藏法师昙摩耶舍来到广州，建的五间大殿已经没有了。经历千年风雨，这大殿已在清代改建扩修，保存的是宋代模样。

不远处，一亭覆盖着南朝时达摩开凿的洗钵泉。洗钵泉亭六柱圆顶，两个老外走累了，坐在泉边，一人翻看图册，一人在沉思休息。

如此，从东晋至南朝，几百年时间我用了两分钟就走了过来。当年，据说达摩从西域渡海到中国，在茫茫大海中漂了三年，才见岸登上广州，并在登岸处结草为庵，是为"西来庵"。

"西来庵"现名华林寺，因达摩是中国禅宗初祖，也因它藏有释迦牟尼真身舍利，华林寺在中国禅宗文化中也具重要地位。

广州小小，达摩当然不会仅仅停留在"西来庵"。他来到光孝寺讲法，并在寺里开凿了一水井。据说，僧众取井水洗钵，所以，此井又称"洗钵泉"。

◎ 南朝时，达摩来此开凿的洗钵泉

凡语坛经　慧能劝世

不管是昙摩耶舍，还是达摩，都是随着海上丝路走进中国，随着中国与天竺康居等国的商贸兴隆，与外国商人一起进入中国的洋和尚。

我去寻找中国和尚。在著名的瘗发塔下，埋葬着一位中国和尚——六祖慧能在菩提树下受戒剃度的头发，这座瘗发塔建于唐仪凤元年（676年），迄今已有1400多年历史了。

在来来往往的众多香客遮挡中，起初我找不到瘗

◎ 一年轻僧人匆匆经过千年瘗发塔与菩提树，意味深长。摄于2013年

城市的回声　035

发塔。

看见一僧人从大殿出来，就急忙迎上去，想问瘗发塔在哪里。不料，他的手机急急响起来，僧人接起电话，又见我驻足等待，便面露歉意，举手示意让我等下，侧身到一边讲电话。

心头便有暖意泛起来。回忆起前不久在北方某著名寺庙旅游，遭遇冷慢，轻蔑，不礼貌嗦水枪等种种不堪。又忆起在那寺，友人被诱导不断掏钱，越掏越气愤的境遇。

同是僧人，打电话的这位，和蔼对我，与前述僧人形成强烈对比。

光孝寺僧人打完电话，微笑着，指引我找到了瘗发塔。

瘗发塔是一座以石为础，用砖灰沙砌成的高7.8米，总共七层的八角形古朴砖塔。

塔旁边，就是那大名鼎鼎的菩提树。千年菩提郁郁葱葱。风儿吹过，香客们围着瘗发塔不停绕圈祈福。

1400多年前，六祖慧能与众僧在这里有"风动，心动"的著名辩论。

大众对深奥难解的"风动，心动"多不明白，因为它形而上。但对慧能所著《坛经》，却能理解。

比如，《坛经》写道："心平何劳持戒，行直何用修禅？恩则孝养父母，义则上下相怜。让则尊卑和睦，忍则众恶无喧，若能钻木出火，淤泥定生红莲。苦口的是良药，逆耳必是忠言。改过必生智慧，护短心内非贤；日用常行饶益，成道非由施钱。菩提只向心觅，何劳向外求玄。听说以此修行，西方只在目前。"

六祖慧能用平常语，讲清了做人道理，教导人们在日常生活中，超越自身，领悟人生奥秘。正是因为六祖慧能将佛教"中国化"，更把中国传统文化儒家、道家、玄学都吸收进去，并教导平民怎样做人做事，所以，南宗禅获得了强大生命力。

广州　海纳百川

广州向外开放，各国商人络绎而来，同时，他们也带来了各自的宗教。

光塔，怀圣寺，圣心大教堂，基督教东山堂，陆陆续续地，在广州矗立起来。

那年，香港六宗教代表团访问广州，我跟团采访，沿着当年的路线，在这里，我们也先去看怀圣寺。

广州怀圣寺建于唐初。当年，伊斯兰传教士宛葛素来到广州建寺，取名"怀圣"，是为纪念伊斯兰教创始人"至圣"穆罕默德。

怀圣寺占地面积2966平方米，布局错落有致。记得那天，香港六宗教代表团的代表们，都坐在怀圣寺里，安安静静听介绍。

然后，我们转去参观位于寺内的光塔。

光塔是一座圆柱形的，由青砖砌筑，外壁洁白光滑，高36.3米，在珠江边矗立了近千年的伊斯兰教塔。据介绍，这是中国国内孤例的伊斯兰教塔，也是中国仅存的唐代伊斯兰建筑。

听介绍，光塔从选址到施工，全由"番人"所建。而建筑材料，却又就地取材，用海边蚌壳、螺壳研磨了，加入糯米质，做成筑塔材料。这种材料非常坚固，令此塔千年不倒。

光塔是目前世界上最古老的伊斯兰教塔，它比叙利亚的翁米亚王朝遗留下来的古塔要早80年。因此，早在1962年，它就被公布为广东省文物保护单位。

离珠江不远，还有一座圣心大教堂。这座教堂由花岗石砌筑，仿巴黎圣母院设计，在清光绪十四年（1888年）建成。老广州们把它叫作"石室"。

采访那天，我们一行在石室受到了修女们的热情接待。她们列队在石室大门口，端肃地迎接代表团。记得还见到许多扶贫问苦，帮助受灾人民，看望、安慰病人的照片。又记得那时石室被脚手架围着，据说在大修。

石室原来很大，占地达60多亩，附有神学院、育婴院、学校、医院等。

1962年，石室被公布为广东省文物保护单位。

圣心大教堂是广东乃至中国现存最大的一座哥特式石结构古建筑，也是远东最大的一座哥特式石结构建筑。天主教以拥有广州圣心大教堂为荣，它也是中国最重要的天主教文化遗址之一。

基督教东山堂，早前也是一座哥特式建筑，它修建于一百多年前，复修后保留了原有石质建筑特色，堂内设有1300个座位，曾经做过基督教广东省神学院，目前仍是广州规模最大的基督教堂。1999年被列为广州市文物保护单位。

列举广州存在的这些宗教建筑，是想说明外来文化对广州的影响，说明广州人对于宗教的精神需要。

当年，香港六宗教代表团来广州参观交流，我跟随采访目睹所见，在广州不大的老城区内，六大宗教建筑彼此相隔不远，甚至一条街上会有不同的宗教场所，在这些相近或相邻的教堂庙宇里，广州人各不相扰地举行

◎广州怀圣寺

◎基督教光孝堂

各自的宗教活动。

在民间，广州信奉各种宗教的街坊们，彼此都相互尊重，彬彬有礼，和平相处；而高层的宗教领袖，我在那天采访看见，大家一起坐在光孝寺吃饭寒暄，一起坐在怀圣寺听介绍，一起前往基督教广东省神学院参观，大家彬彬有礼，相互谦让。

现在，让我们走回来，回到光孝寺，回到六祖圣诞日。

那一天，光孝寺如期举行了诵经传灯祈福大法会。几个广州朋友去了。她们发来了微信与照片，照片上，光孝寺香火很旺，人山人海。

瞧着微信上的照片，我一下想起了"基督教光孝堂"守门老人说的话："逢到初一十五，这里挤得水泄不通，许多年了，都是这样。"我一下明白，知道了，这间存在了1700多年的光孝寺，与广州人的确有一种很深的关系。

那几个去光孝寺的广州朋友告诉我，去到寺中的人群中，有三分之二不是佛教徒。

她们说，这已是老广州许多辈许多代的习惯了。每到初一十五，特别是大年初一，广州人都习惯地到寺里求个平安健康，求下福气财运。

在光孝寺，他们烧炷香，放上生果，表示尊敬；走出光孝寺，他们去到寺外的热闹场所，大家呼朋唤友，逛街买东西，已成为当地的一种民俗。

南海神庙有碑林

千年碑文早已凝固，但这些石刻文字似有生命，它们灵动舞蹈，向人们诉说南海过往的物与事。

广州城脉

沿着当年陪同香港六宗教代表团来穗参观的路线，我一路去寻找广州的历代遗址建筑。

我发现，与多经战火的北方城市比较，广州城保留的历史足印清晰几近于完整：比如，光孝寺从三国建寺起，保留直至当代。三元宫、华林寺、六榕寺、怀圣寺，从东晋、南北朝、唐代起，保留直至当代。

在这些宗教建筑里徜徉，福克纳那句名言："过去从未死亡，它甚至没有过去"，反复发声，宗教源远博大，它的力量渗透人类历史，以永在的形式影响人类的生活与生命，也像凝固的音乐净化、提升着这个城市。

这些遗址与建筑，大有琢磨咀嚼的容度。

◎ 南海神庙坐落于黄埔区庙头村，是中国古代对外贸易的重要史迹，始建于隋开皇十四年（594年）。图为头门前石牌坊

◎ 20世纪20年代的南海神庙　　　　　　　◎ 南海神庙头门背面。摄于2013年

但是，因为它们都在市区，又有诸多资料可以翻阅察看，所以，每当有朋自远方来，且时间又充裕时，我就带他们远离城市，走先远后近的路线。

那一年，重庆书法家石小一一行来穗，我便带他们去黄埔，去看有岭南特色的南海神庙。

南海神庙虽然供奉"神"，但它不属六宗教。

除了去参观南海神，更多的人是奔韩愈、苏东坡而去。神庙里，有他俩留下的诗文墨宝。康熙，也在庙里留下"万里波澄"的碑亭。

当然，旁边做伴的，还有历代官员文人的无数诗文。它们被工匠叮当成碑刻，立在大海边上，渐渐地，形成了颇有名气的"南方碑林"。

南海浴日亭

那天，我向朋友们介绍，南海神庙建成于隋文帝开皇十四年（594年），供奉的是岭南人心中的南海神祝融（也是北方人供奉的火神）。

远古时候，中国的沿海渔民供奉着各自的神。"南海神"在四位海神中位尊大佬。后来，它被封为"广利王"。从隋朝起，这海神便日夜坐在珠江口守望浩渺南

城市的回声　041

海，瞅着穿梭于中国至东南亚印度罗马的海船，要在波浪滔天中看护着它们，莫被风浪淹没了。

先是隋文帝让渔民建庙，后来历代的中央王朝与地方官员，都来隆重祭祀崇拜，烧大香，求财求利求平安了。

来自山城的朋友，对海，对"南海神"特感兴趣。我便继续介绍，早在1400多年前，渔民就在广州最早的深水港码头前，一座小山上建了庙，那庙后来变成了官方庙宇，成了中国四方海神庙中的大佬。

帝王祀典规定，凡是当地官员，都必须到此祭祀崇拜。所以，它曾经气势非凡。后来，它衰败了。现在，人们将它修缮一新。最重要的，是在庙里头，将一些好碑重新置放了，方便让人们去祭祀。

石小一听说有好碑好字，便两眼有神，闪闪发光了。

我们开车就走。驱车40分钟，进到黄埔，好像进到了乡下。满地都是尘土，水泥路刚铺完，路边有躺着横着的树与铁皮房，还有两三算卦的。一个卖香阿婆，操着生硬的普通话，几番要卖香给我们。

石小一在尘土里拧了下眉头："是不是这里呀，怎么不像景点呢？！"

卖香阿婆听懂了，不再卖香，连连指路，说，那边就是，过了石桥就是了！

新建石桥上，几位保安很悠闲，游人不多。石同学又开始犹疑，我笑笑，内心笃定，坚定地做向导，领他们过了西牌坊，那"南海神庙简介"便赫然在目了。

读完那简介，几位客人立马高兴了，高声说："咳，还真不错，可能是个好地方！"

简介写：南海神庙是"海上丝路发祥地，历代帝王祭海地，南方碑林所在地，波罗鸡发源地，民间庙会最盛地……"几位读完，"啊哟"一声，都在笑，哈哈，有宝有宝，走走走，快点看看去！

我们往左边行，先去看浴日亭。

◎ 庙内石人石马甬道，波斯商人像

◎ 南海神庙西边山冈有"浴日亭"，亭中有苏东坡等名家碑刻

◎后殿陈列着神庙周边从战国到民初挖掘的砖瓦、陶瓷、钱币等文物

  一棵红豆古树层叠葱茏，像是擎着悠远无垠的相思。大树浓荫下，一条石人石马甬道光影点点，一个波斯商人蹙着眉头，许是在回忆昨夜惊心台风，计算生意亏损。旁边一位宋代官员捧着印盒在喜笑，大海送来财利，他坐在珠江口，轻松地就替朝廷收到了白花花万两银。

  浴日亭几十级老石阶已塌陷歪扭。黄埔人许是要修旧如旧，在老石阶两边新建了麻石护栏，却没有挪动有些磨光了的老石阶。

字有生命带剑舞

  我们前面有俩靓仔，飞快地跑上老石阶，进到亭中急急用手机拍照。但是，手机里，苏东坡碑被玻璃笼罩着，字碑反光，《南海浴日亭》诗看不真切，俩人就拿

城市的回声

山地图找景点，然后又飞一般地下山了。

石小一撑开一把伞，挡住了玻璃罩反光，就围着两通碑，左左右右细端详。

我说："嗨，石书法家，你看这苏碑如何呀？"

书法家凝神在看字，被我唤醒，脱口道："咳，不错，写得好，这通碑有点霸道！"

"有点霸道！？"我不解。

"嘿嘿，霸道是重庆土话，是很棒、很好的意思。"书法家停了下，转用普通话赞道："苏轼呢，底子是颜体，但很有个性。他的字，大气雄强，又潇洒飘逸！结构和用笔，都有古趣。整通碑不失古拙韵味，在这古港看古字，有意思！"

我不懂书法，只知道宋绍圣元年（1094年），58岁的苏轼被贬到岭南，到广州走了不少地方。

这首《南海浴日亭》，是他给广州遗留的宝贝之一。

此刻它就在眼前，我们忍不住，一字一句把它读出来："剑气峥嵘夜插天，瑞光明灭到黄湾。坐看旸谷浮金晕，遥想钱塘涌雪山。已觉沧（苍）凉苏病骨，更烦沉灉洗衰颜。忽惊鸟动行人起，飞上千峰紫翠间。"

临碑读诗，诗中的人生苍凉，悲愤，与释怀，扑面而来。

喜欢诗人走笔如刀，将人生荣枯与天地大海千峰紫翠，一笔一画嵌入宣纸中。也喜欢诗人这样写看南海日出："坐看旸谷浮金晕"，一坐，一浮，将诗人冷夜等待，至看到大海里太阳跳动一片金色，写得如此生动如此美。

喜欢对着石碑，细瞧那用繁体汉字写就的"劍氣""滄涼""鳥動""峥嶸"书法。

这些字似有生命，它们灵动舞蹈，带着一种临面的魅力穿透心灵，直至心灵最深处。

也许，这就是中国书法的大气与力量？也许，这就是那种不朽的永恒？对着碑刻，你简直可以感

◎ 苏轼《南海浴日亭》诗碑

受到诗人的心跳,我们一行,刹那间如遭电击,在浴日亭中热血奔涌。

韩愈"海事"一段古

我们转到正门,见到了另一镇庙之宝:唐代韩愈《南海神广利王庙碑》。它也用玻璃罩子笼着,放置在头门左边。此碑高247厘米,宽113厘米,由韩愈撰文,书法家陈谏书写。

站在石碑前,石小一连赞:"陈谏的楷书写得也很安逸哟!你们看,这字写得严谨工整,很紧凑又疏朗,是好字,是好碑!"

我们仰着头,努力想读文章,无奈石碑高过人头,字不大,玻璃又反光,令我们无法读通韩愈文章。

返家查阅,才知此文写的是:"海于天地间为物最巨。自三代圣王莫祀事,考于传记,而南海神次最贵,在北东西三神,河伯之上,号为祝融。"

原来,中原人也早早地认识大海了。隋文帝开皇十四年(594年)下令建南海神庙,方便来往的中外商船来登庙拜祭之事,就记写在这里。

韩愈接着说,唐玄宗尊崇南海神,册封它为"广利王",以"致崇极之意"。韩又说,在尚书右丞、国子祭酒孔癸被任命为广州刺史前,主祭南海神的地方官虽然"既贵而富",但却"不习海事",当祀神时,大海常有大风,所以,他们担心忧戚,害怕前去。有时去到那里,更"观顾怖悸,故常以疾为辞,而委事于其副,其来已久"。

如是敷衍,神庙便在风雨中无所盖障;而上供"牲酒膋酸,取具临时;水陆之品,狼藉笾豆。荐口兴俯,不中仪式;吏滋不供,神不顾享。盲风怪雨"。

孔癸赴任,亲自恭迎天子祝册,多次亲往南海神庙祭祀。他"治人以明,事神以诚","事神治人,其可谓备至"。韩愈称赞孔癸,说他作为孔子的后人,对广州的文教开化贡献多多,其治绩惠及民神,所以大家心里是有数的。

读罢碑文,我对韩愈的事迹才能,又增加了几分了解。

唐宪宗元和十四年(819年),韩愈上了《谏迎佛骨表》,劝谏皇帝不要过于沉湎佛教,而应多关注国计民生。此谏得罪了宪宗,韩愈没有料到,他被贬到了潮州,做刺史。

满腔悲愤,他在《左迁至蓝关示侄孙湘》诗里写:

一封朝奏九重天,夕贬潮州路八千。

欲为圣朝除弊事,肯将衰朽惜残年?

云横秦岭家何在,雪拥蓝关马不前。

知汝远来应有意,好收吾骨瘴江边。

可以看出,韩愈彼时已做好要"死"的准备。那时的岭南,在中原官员的眼中,

◎ 唐韩愈《南海神广利王庙碑》

就是"瘴地"死地。所以，当广州刺史孔戣在广州款待韩愈时，他心情还很不好，对广州还没好感觉。

但当他盘桓广州数日后，看到孔戣推行文教开化，令广州民风淳厚开放，他便改变了岭南荒蛮的看法。从广州到潮州，韩愈振作了起来，决定要像孔戣那样，为百姓做实事。

于是，韩愈在潮州为官的8个月，驱除鳄鱼、兴修水利、释放奴婢、兴办教育，为潮州人民做了许多好事，他的德政，代代相传，被历代官吏视为楷模。

我们欣赏韩愈，他不顾衰朽残年，忧虑民生，直言国家弊事；

他放下成见,见贤思齐,很快就从个人悲愤中走出来,做官一任,造福一方。我们也欣赏,他不仅仅只会发表演讲,只会写《马说》《师说》来教育别人,更可贵的是他践行圣人之道,去解决百姓疾苦,替人民做实事。

在《南海神广利王庙碑》里,韩愈称赞孔癸,表达了自己尊崇儒学的政治理想。

韩愈可能没有想到,自己的文章被陈谏书写了,又被广州人镌刻了,成为南海神庙的镇庙之宝。

他恐怕也想不到,在他身后,潮州城有韩山、韩庙、韩江,潮州人名中带有"韩""愈"字则不计代、不计数。潮州有诗赞颂他:"八月为民兴四利,赢得江山皆姓韩。"韩愈在当地家喻户晓,"崇韩文化"成了潮州一带的独特景观。

令黄埔人骄傲的,还有韩愈文中的"海事"一词。我在电脑上放大欣赏韩碑时,发现碑文中"海事"两字被涂红了。一国外专家说,这两个字,最早概括了航海技术、客运、货运等意义,是最早描述海洋商事技术活动的词。

过去从未死亡

我们在南海神庙,还看到中国古船船模展,南海神庙出土文物展。这些展览,重现了古代海上丝绸之路的九种船只,以及此地从战国至民国的生活遗存。

我们还欣赏到南海神庙的另一宝贝——东汉铜鼓。

这面铜鼓放在礼亭中,它造型靓,云纹细,是1900多年前岭南少数民族使用的礼器。据说,此鼓近则声小,远则声大,敲击时,扶胥江岸20余里都能听见,所以,广州人称它为"神器"。我们参观时,见鼓面撒满了五分一分的人民币,许是信众祈福或是游人游戏,铜鼓亮闪闪的,有昂头鸣叫的小

◎ 东汉铜鼓,供祭祀南海神时击鼓娱神

城市的回声 047

铜蛙站在钱币里，成一景。

往前走，见到著名的康熙"万里波澄"御碑。这块御碑被加盖了圆亭保护，气宇轩昂。书法家石小一端详着石碑说，康熙的行楷，笔法精到，结构严谨，字体庄重，气韵高古，真的是一代帝王，他的气概，别人练不出来！

据清崔弼《波罗外纪》记载，南海神庙原来计有唐碑1通、宋碑11通、元碑10通、明碑26通、清碑21通，还有历代名人如陈白沙等的诗歌石刻16通。

看完了"南方碑林"，我们发现，尽管石碑都被保护起来，但也有好些碑看不见字迹了。据介绍，它们曾经做了洗衣石。朋友们叹息"南方碑林"之美中不足，可惜着，它现存有价值的碑刻不多了。

我们一行走出门来，往右行，意外地发现了一处民俗林苑，那里存放着清代匾额和民间石刻，那些匾额，书法相当漂亮。

南海神庙中也不时展出当代书画。那些字画水平境界各有高下，但黄埔人喜爱书法，他们在这里切磋作品，让古老的神庙弥漫着清新的书香。

在如烟如雾的书香中，两个靓仔靓妹在安静地观赏书法碑刻；大海远处，点点渔帆的南海上，历代的帝王与使节，在鸣鼓祭海；波罗诞上，民间庙会卖着波罗鸡，热闹非常。

而种种过往，其实都没有过去，它们常常在回望——从祖先留下的文字中，从镌刻在石碑上的诗文里，向后来者，述说中原文明是如何进入岭南，那些岭南"蛮族"，是如何开敞胸怀，拥抱了农业文明，从而形成令人尊重的文化品格的。

那是一种位格高拔、谦逊厚道务实的民风，历经千年，至今依然存留在城市乡间，无声潜入汹涌而来的新客家人的血脉中……

◎康熙皇帝"万里波澄"碑

城长一段古

城西荔枝湾，珠江一小角

广州西郊一带，因陆贾播下的文化种子，慢慢在此生根发芽，开花蓬勃。也因了伸展绵长的文脉，才有了后来戏剧般丰富的千年故事。

◎今日之荔枝湾水清景靓

　　1943年8月，许广平说："凡是到广州的，几乎没有一个人不看到珠江，因而没有不想到城西那珠江突出的一小角的荔枝湾。它的声誉早已吸引着远近的游人，谁不想找出时间欣赏一下？比方说，有谁到了南京而不想去秦淮河？到了杭州而不去到西湖边上的呢？"（《记荔枝湾》）

　　读到这段文字，觉得广平阿姨好体贴！她让我们这些北方人，站在荔枝湾，想起秦淮河，啊啊，那是几许温软的秦淮与西湖！

　　时隔七十多年，翻开书页，你仍然能够听到温柔的许广平在说话。转过头，在冬天，在温暖的阳光花海里，心念一动，你可能想要去看荔枝湾，在那里，静静地，倚栏望流水。

◎ 1953年的荔枝湾风情

◎ 荔枝湾立石

流水汤汤，向珠江，不复回。你抚遍栏杆，凝神处，便见那开国英雄，半昏帝王，用自己的一生，演一遍人间戏剧。水中是镜花，却也鉴别正邪，映出智愚上下。那一湾缥碧，就在桥下潺潺，洗刷着世事城事，也让我们，廓清了今生当下，想清了明天，定行止。

公元前，沙洲，一粒种

赵佗立城时，城西离中心区很远很远。那时人们靠双脚行路。番山禺山在城中起伏着，山上树木葱茏，挡住了人们的视线，街坊要去别处，觉得很远很难。譬如，要去城西，就得翻山越岭，下到山脚，沿潺潺流水边上自然形成的弯曲小道，慢慢行走。那些小路有些硌脚，周围还是片片沙洲，亮光闪闪的，在一望无际的珠江边上，伸展到广袤远方。

那年，秦国亡，汉初立，中国初定。赵佗带着将士，在白云山下修建广州城，已经十三年。北边厢，汉高祖刘邦在宫里踱着步，想到了大海边陲的南越国，以手支额，有点忧虑。之后，刘邦便让陆贾到南越出差，带去王印一枚，要赐给赵佗，让赵佗做南越王。

陆贾到了广州，赵佗不肯见。拖延了月余，陆贾没走，赵佗便派手下去探听他的消息。军仔阿威接到命令，早上从宫署出发，走到西城郊野时，太阳已经火辣辣地当头照了。

阿威坐在溪水边休息，他早就知道，陆贾从西江顺流而下，进入增埗河，在西场附近登陆，已逾一月了。他也听说了，赵佗对汉高祖要他对北称臣，做汉朝的"南越王"，十二分不乐意。

阿威掬起河水洗了下脸。然后爬上了一棵树，远远看见荒野中，筑起了一泥城。阿威便换衫，划一小艇，靠近泥城捉鱼虾。泥城里，几间泥墙草房升起缕缕炊烟。几个汉人进进出出，一个华服汉人，长袖宽袍，气定神闲，指挥大家筑院墙。

◎秦汉时，番山蜿蜒，树木葱茏。五代时的南汉王刘䶮推平了番山。图为"番山亭"，位于孙中山文献馆内

阿威返回，如实禀报了。

又过了一个月，岭南开始"回南天"，城西地势低洼，泥城里面，那几间泥屋更被湿漉漉的天气搞得水淋了一般。几个汉人从泥屋走出来，挽着裤脚，一步一滑，担着筐子往市里走，他们买米去。

阿威也如实禀报了。

又过了一个月，阿威结识了那几个汉人。他进到泥城，看到泥屋窗明几净，厨房锅盆摆放有序，茅厕没有异味。那个华服汉人，眉目舒朗，干干净净，每天读书，钓鱼弹琴，心志宁静，丝毫没有待不下去，要拔腿走人的意思。

阿威喜欢那美妙音乐，喜欢泥屋环境，心底里又好奇，又佩服，更如实细致地禀报了。

这回听完汇报，赵佗再也坐不住了。他找了个合适的地方，请陆贾来喝茶。

《史记·郦生陆贾列传》记载了这次交谈。

这是两个男人的对峙交战。陆贾纵横天下，捭阖大势；赵佗备足兵粮，坐拥五岭天险，心底想着要与汉朝死磕到底。

且来看那几页古书描述的情景：

陆生来了，见眼前赵佗梳一锥形发髻，盘腿如箕地大咧咧坐着不迎客，完全像个"蛮越"人。陆生极不爽，但仍亲切，笑着说话，句句直戳赵佗心门要穴："足下您是汉人，您的亲戚、兄弟和祖先，都埋在恒山郡（现河北）真定呀。"

陆生继续笑着，像是自家弟兄，无比着急："现在，你弃了冠带，穿着越服，不管不顾汉人的天性礼仪；你还想以小南越与大汉抗衡，倘若，你真与大汉为敌，那就会大祸临头了！"

听到祖先，赵佗心里暗自泪流；但对陆生指责自个儿违反汉人礼仪，赵佗压根儿没往心里去。

所以，赵佗哂笑，说："俺，就是蛮夷大长啊！"

陆生一脸诧异。这赵佗，竟会自认"蛮夷大长"？！（他哪里晓得，赵佗此行，才有了南越国，才让中原十万将士在岭南生存并开枝散叶了。）

陆生毕竟高大上，他心怀天下，纵横捭阖，知道棋该如何走。

他对赵佗说："秦国失政，诸侯并起，汉王入关，项羽背约。汉王起巴蜀，鞭笞天下，劫略诸侯，遂诛项羽灭之。五年之间，海内平定，此非人力，天之所建也。"

听到汉高祖五年平定海内，赵佗眉梢抬了一下。听到刘邦手下说，自己不愿意助天下诛暴秦，都想带兵来消灭自己，赵佗脸色变了一下。

陆贾何等机灵，见状话锋急转："但是，我们天子爱百姓，不愿打仗让人民劳苦乱离。所以决定，暂且罢兵。天子派我授您南越王金印，剖符为信，互通使臣。本来，您应该到郊外远迎，面向北方，拜倒称臣的，但是，您——"陆生拉长声音，停

◎开越陆大夫驻节故址碑（图片取自网络）

住说话，用眼角去瞄赵佗。

赵佗此时，已有愧意，脸也不再绷着。陆贾见赵佗神色缓和，就赶紧转弯，不再拿赵佗傲慢不迎来说事。

但陆贾很直白，句句都是宝剑封喉："你想用刚建立起来的小小南越来对抗天子，在此桀骜不驯。倘若朝廷知道了这事，朝廷就会挖你祖坟，诛你宗族，再派一名偏将，带十万人马来越地。那么，南越人就会杀死你，再去投降汉朝，这事真的易如反掌。"

赵佗听罢，背上一激灵，额头沁出冷汗。他脑袋飞快盘算，审时度势后，决定要保一方平安，让岭南稳定，军民不再遭殃。

心到嘴到，赵佗立刻起身，拱手向陆生谢罪，道："我在蛮夷居住时间太长了，记不住汉人礼仪了，失礼，失礼了！"

接下来的对话更精彩。这是两个超级棒的人，在汉文化框架里，角力较劲论英雄。

赵佗问陆生："我与萧何、曹参相比，谁更有德有才呢？"陆生回答说："你似乎比他们强。"

赵佗又问："那我和皇帝相比呢？"陆生肃色，抱拳，回答说："皇帝从丰沛起兵，伐暴虐秦朝，平强大楚国，为天下人兴利除害，继承五帝三皇宏伟基业，统理全中国。中国人口以亿计，土地方圆万里，处天下最富饶之地，人多车众，物产丰富，政令出一家，此种盛况，是开天辟地以来未有的！而现在，你人众不过几十万，且都是未开化的蛮夷，又居住在这局促狭小的山地海隅之间，你这里，只如同汉朝的一个郡罢了，你怎么能同汉朝相比呢！"

赵佗听罢哈哈大笑，说："我不能在中原起家，所以才在此称王。但假使我占据了中原，我又哪里比不上汉王呢？！"

《史记》没写陆生如何回应赵佗。赵佗豪气干云，陆生肯定也很佩服，也可能还有许多想法要对赵佗说。

《史记》只是记载，赵佗非常喜欢陆生，留下他一起饮酒，谈天说地，并请陆生在广州住了几个月，成为挚友。他对陆生推心置腹，说："在南越，没有一个人和我谈得来，你来这里后，我每天才能听到过去未曾听到的事情。"

陆生终于完成了拜赵佗为南越王的使命。赵佗向汉称臣，服从汉朝的管制约束。陆贾还朝后，汉高祖大喜，任命陆贾为太中大夫。

陆贾返汉时，赵佗送给他一包裹，价值千金。另外，还送给他不少礼品，也价值千金。

《广东新语》记载，赵佗对陆贾由衷佩服。在拾翠洲古渡头，赵佗盖了一座越华楼送给陆贾。屈大均说："越王佗以陆大夫有威仪文采，为越之华，故作斯楼以居之。"

赵佗又送千金，又送楼台，我有点纳闷，陆贾何德何能，值得南越王如此感激呢？

往下读《史记》，我明白了，这陆贾，有思想，足智谋，是人杰。

汉高祖尚武，夸耀自家是马上得天下，陆贾却在他面前常常讲说诗书，主张治世"文武并用，长久之术"。

吕后时期，陆贾不愿侍吕又不能抗吕，便称病辞职，把从南越带回的包裹拿出来，卖了千金，均分给儿子们，让他们从事生产。他自己，则带着歌舞琴瑟侍从十余人，佩戴着价值百金的宝剑，到处游玩，专心文化活动。

当陈平为平吕氏犯愁时，陆贾为其谋数事，又促使陈平与周勃建立起密切联系，助陈平灭了吕。

两个深谋远虑、以天下苍生为念，持正道又聪明的人，惺惺相惜，相互欣赏。赵佗厚待陆贾，赠他两千金银，仍觉不过。

此后广州人因陆贾开山功高，便尊他为"开越陆大夫"。在岭南，陆贾也备受尊崇：在光孝寺，原有陆大夫祠。后来，越秀山镇海楼侧，建了三君祠，祀任嚣、赵佗、陆贾。还有番禺的大夫山，据说也是为纪念陆贾而命名的。

至于西关泥城，虽然它早已不在了，但后人在泥城故地，立了一块"开越陆大夫驻节故址"碑，纪念陆贾在西村一带登陆。广州西郊一带，因陆贾播下的文化种子，慢慢在此生根发芽，开花蓬勃。也因了伸展绵长的文脉，才有了后来戏剧般丰富的千年故事。

公元后　半残帝王丢江山

军仔阿威看到陆大夫在西村建泥城，又跟随赵佗建设广州城。然后，他娶妻生子，子又生孙，几代人看着海水渐渐退去，沙洲越来越大，汊涌池沼越来越多，泥垣草屋散散落落，出现在弯弯曲曲的泮溪两岸。

南越至唐，阿威几代子孙渐渐进步。到了阿良这一代，广州走到了南汉，将军阿良目睹了南汉的大起大落——广州从平地修建起数百座宫殿，但仅仅过了五十五年，忽然有一夜大火冲天，广州半城陷入了火海，南汉灭亡。

阿良记得，那是一个很冻很阴冷的傍晚。公元971年，也就是北宋开宝四年，广州城被宋军团团包围了。阿良身着戎装，率领兵士站在城头，望见城外全是宋军旗帜，盔山甲海，鼓声大作。阿良感觉很冷很冷。他不知道，强大的宋军一旦进攻，自己能否活下来。

◎药洲，南汉时的皇家园林，罕见的千年园林遗址，因刘䶮喜在此地聚方士炼丹，故称药洲

此时，南汉后主刘鋹已经逃到珠江边上，准备登上那装满了奇珍异宝的大船，从海路离开广州。城西的昌华苑起火了。城中宫殿、馆苑、仓库也万炬齐发，广州成了一片火海，无数财宝，雕梁画栋，都在大火中灰飞烟灭。

只是刘鋹没能上到船。他的船被捷足先登的太监开走了。刘鋹心爱的妃嫔们在珠江边乱成一团，牵衣扯袖，哭声震动了珠江。刘鋹背后，广州城熊熊大火，宋军杀声震天。刘鋹捶胸顿足，长叹"天亡我也"，派出兵士报降，又出城北七里，降迎宋军进城。

阿良在这场战争中侥幸活了下来。

后来，他给子孙讲古，说，他父亲曾对他讲过，南汉高祖刘䶮，祖上是河南上蔡人，父亲是广东封开刺史。高祖身材高大，膂力过人，拉弓骑马，善战骁勇。那时候，交、桂、容一带，七十多股军事力量各据山头，高祖统兵征伐，几年时间，便把他们解决了。

到了917年，高祖荡平南方各部，在番禺称了帝，立国称为大越。后来，考虑到与南越国的"越"字同，便改国号为汉，即是南汉。

阿良说，当年高祖好威风呀，扫平了南方，就在广州建设宫殿，周边来贺，百姓出力，他们铲平了番山禺山，填平了城中低洼湿地，又开挖了一个西湖聚水，广州城变大了，变靓了。听从中原来的那些僧人说，原以为广州是狭促恶土，偏远瘴乡，来到广州城，看见这么多的丛林宝刹，珠宫贝阙，郊外宫苑，觉得南方广州，仿效着大唐长安，建设得有点国都气象了。

但是，阿良对儿孙说，高祖不能算有德帝王。他对百姓太过分了。税役太重。尤其是刘玢、刘晟、刘鋹三帝，穷奢极欲，奢靡铺张，民力国力，都快被他们耗尽了。

阿良没有把故事继续讲下去。因为，他自己毕竟吃过南汉俸禄，从感情上讲，他是悲哀痛惜前朝事，常忆家国破碎中，把故事讲给儿孙听，是想立面镜子给他们看，让后辈学会做人做事罢了。

但几乎所有史书都指南汉四帝大逆不道。他们残暴凶狠，专用炮烙、截舌、灌鼻等酷刑，残害无辜。刘䶮更有怪癖，喜欢观看受刑人痛苦挣扎。

我不知这些史书记载有几成真实。稍稍想想，即使根据这些正史提供的事实，我们还是可以梳理出刘䶮立国之后的所作所为，隔着历史的帷帐，去看一个比较真切的刘䶮。

不容置疑，这是一个马上得天下，有武略的帝王。

刘䶮文治如何呢？

他心心向往大唐文化，照着长安含元殿样式，修建了天坛，祭天祈雨。但他好像只学到了大唐文化的皮毛，对中原文化的精髓，治理天下的要义，他隔着河岸看，没能力学好，错过了。

从刘䶮开始，广州开始大兴土木，并仿照长安形制，广建宫苑佛寺。

在西郊，刘䶮建了昌华苑。它丹墙黄瓦，金碧掩映，皇宫墙外，沿着河涌，栽种了大片荔枝林。到了荔熟时节，刘䶮便带着妃子臣子，在那里赏荔游乐，品赏"红云宴"。

在越秀山，刘氏又建了西兰湖芳春园。这一宫苑群，楼殿参差，琼台玉阁，苑内种满奇花异草。甘溪之水，流入湖中，溪岸两旁，桃花如火，一片烟波胜景。

还有纵横交错的城市跸道。这些建筑工程，给广州带来新美之象。也令文人骚客，附着这些美丽建筑，咏叹徘徊，留下许多美词丽句，也给后人留下无形财富与猜想。

据说，广州四个老城区脚下，一不小心，就会碰到南汉遗址遗物。

这是一段曾经存在过的文化。它的背景可能是灰色的，它的中景可能富丽，它的近景不明媚灿烂，更不清雅高洁，它在正史里着笔不多，一把大火，把南汉国的典籍烧得干干净净了。

也许，刘䶮这位跃马挥戈，扫平七十二处山头的开国皇帝，浑身戾气，缺少人道。

但从前戏本里的秦始皇，不也是白脸一个，残暴无比，让孟姜女失去了丈夫，哭倒了长城吗？

现在，我们都知道如何评价秦始皇。他结束战乱，统一中国，修建长城，抵御外敌，一代始皇，功过黑白，十分分明。

我们赞美长城。长城是中国人心中不倒的力量。但修筑长城，也是耗费了大量人力财力。

我们不能因这些浩大工程伤及了民众民生，而否认这是人类文明的结晶。

是成千上万的蜜蜂，用生命酿出了那点蜜汁，那粒结晶。

刘䶮也许是一个半残帝王。

他建宫苑，修跸道，做天坛，尽管想学大唐文治，

◎ 西汉帝宫早已湮灭。图为今日之昌华苑

城长一段古　■　059

建礼仪，立纲常，希望南汉地久天长，但他一介武夫疏文治，诸多失败，尤其是教育子孙失败，直接导致了南汉灭亡。

文塔

南汉昌华苑，就那样在一夜大火中湮灭了。

但几千年来，那火星埋藏在城垣深处，只要与广州人讲起荔枝湾的历史，那火星就会迸裂一下，广州人就会带着一种自豪，说，昌华苑真美啊，这里曾是帝王家！

这是一种普遍的，对于曾经拥有的绚丽文明的自豪。中国其他城市，洛阳、重庆、南京、成都，凡是做过都城的城市，你若访问它的市民，他们，都会用本地话骄傲地对你说，这里，就在你脚下，埋的有千年前的宫殿，这里，是公主坟，那厢公园，就是几代王城呀！

甭管是大国还是小国，昔日中国的帝王，都倾力集中了当时最好的设计师，最好的工匠，最好的材料，做出他们想象中的人间天堂——美丽的宫殿来。

就像昌华苑，虽然只是南汉一个郊外宫苑，它的格局形制，也成了后人比照借鉴的理想蓝本。明代，这一带被列为羊城八景之一，叫作"荔湾渔唱"。清嘉庆、道光年间，富商潘仕成在这里建了座"海山仙馆"，水面方圆几百亩，号称岭南一代名园。

而住在不远处的寻常百姓，伴着清澈流水，瞅见美丽园林，根据自家财力，比照购置了体面家具，在自家院落种上果树花草。又在居室内外，勤快干净地天天做清洁，令屋院窗明几净。

在代代文明传递，潜移默化中，广州人总结了前人教训，他们重视教育，教导子孙要走正道，努力读书，用诚实劳动，赚取体面生活。

在荔枝湾一处院落里，阿良的后代阿才对我说，他们祖上总会代代相传，用刘䶮死前的话来警示后人："悲哀啊！可惜啊！我的子孙不肖，国运就像老鼠钻进牛角，路越走越窄了！"

◎文明绵长的荔枝湾风景优美。清富商潘仕成"海山仙馆"故址就在附近

◎ 荔湾文塔是广州人的"文脉"

所以，终于有一年，阿才的祖先商量着，决定在荔枝湾畔修建一座文塔。

这座文塔，外形像一支笔尖向上的笔，文塔内供着文曲星。老辈人说，如果谁被文曲星手中的笔点中了，进士、举人就非他莫属了。

阿才说，文塔修好时，广州街坊已认定后生仔要诵读诗书，要懂得做人规矩了。老人们对着后生仔耳提面命。乡人定时会去拜文塔，每年学童启蒙，必须带着孩子到文塔拜魁星，然后，才能到塾师那里，去开笔。

阿才说，文塔建好后，清代广东省出过的3个状元，他们都到文塔祭拜过。泮塘村村民因此更注重教育，五成学童都请私塾，打小起，就在这文塔下，咿咿呀呀，诸子百家，诵读中国经典。

文塔修好后，泮塘乡中读书风气兴盛，甚至民风也发生了变化。

阿才举例说，明代万历年间，这里的水上居民还很剽悍。那年，泮塘村与盐步村赛龙舟夺金猪，两村后生，先是争抢，后是礼让，到后来，两村乡民相互结好，并定下每年五月初五、初六，大家串村互拜，并演变成习俗了。

阿才说，是两个村的老人，指着文塔，教育后生仔，才让水乡乡民变得知书达理的。

所以，这文塔是广州人的"文脉"。代代村民，靠它护佑，变得斯文；代代村民，也把维修文塔，当作大事了。

沿着文塔，顺着这条"文脉"，荔枝湾水流弯弯，曲曲折折走到了当代。

现在，新荔枝湾成了广州一个重要的历史人文景点。

两千多年后，泥城早已不见了，但西村"开越陆大夫驻节故址"碑仍在；南汉昌华苑虽然早在一片大火中化为灰烬，但在其旧址上，曾建有元世祖的御果园，晚清名扬海内的海山仙馆；现在，这一带有荔湾博物馆，小画舫斋，西关大屋，何香凝艺术中心，梁家祠，陈廉伯公馆，仁威庙，荔湾湖公园，还有十九路军军长蒋光鼐的故居，等等。它们，沿着长流的河湾，隐没在古榕里，写成一幅长长的岭南历史烟雨图。

◎西关大屋荣枯相伴，老人泰然穿过时光风雨

广州，逝去的水城？

曾经的广州，被污染了的河涌、落雨时的水浸街诉说着水灾之痛。如今，落实治水民生的广州，美丽的东濠涌欢快吟唱贺新生。

◎广州曾经是座水城。2010年亚运会期间，广州豪掷486亿元治水修景观。图为治理后清流溅珠的东濠涌

广州之水不同于黄河之水，黄河之水天上来。

广州之水也不同于长江之水，长江之水雪域来。

广州之水连着大海，大海与众多河涌相连相通，海潮涌起，河涌亦涌起；暴雨滂沱时，若遇到海潮顶着，这倾盆大雨便横冲滚泻，在城里桥洞下街面上，将小车浮起，将行人带走，将低洼地界的街面米铺士多店，一一浸了。

"水浸街"是童谣，是落雨大时，老广州幼年在门前石街玩水的深刻记忆；而对我们这些北方来的新客家人，理解不到水浸乐趣，遭遇到暴雨与水浸时，便觉惊心，甚至成了惊心动魄之梦魇。

随着梦魇追下去，才发现，眼前这高楼比肩、大道宽阔的现代广州，在往昔，在古代，就是海皮上一水城，落雨小时，它"流水石桥素馨花，微风细雨古渡头"；落雨大时，它就"人家十万羊城居，一朝巨浸半丘墟。冲墙倒壁压街巷，红颜白发填沟渠"了。

往昔广州城小人少时，河涌有鱼有虾；城市一急剧扩张，污水与黑臭便成了广州人的心头痛。面对这无法回避的"好水祸水"，官员们十之有七会记得"水能载舟，亦能覆舟"之古训，譬如亚运会期间，广州就豪掷486亿元，大规模地治水修景观。但，那次治理不甚理想，多条河涌再度变污变臭——广州，不得不下决心再度治水……

新广州　水浸街

前一阵报纸登载，广州治水多年尚缺系统化研究，多数治水工程治标不治本，石井河整治了10余年，但还要"摸底细"再砸30多亿元来治理；经四轮整治的猎德涌也要"回炉"；雨污分流推进已举步维艰，污水处理厂建好了，却因支涌截污不彻底，部分污染源的污水无法接入；景观建好了水却还是又黑又臭。

因此，继6年前亚运大治水后，广州决定，再启全面治水大幕，部署生态水城建设。其中目标有：2016年前完成196项治理工程，消灭中心城区52个内涝点；到2020年，实现广州不再有臭河涌，全市所有河涌、生态湖等地表水，全部要达到水质功能区的要求。

读罢新闻早已不喜不悲。

因为，此套路早已不新鲜：指出批评上届遗留问题，做出最新工作计划，喊几句鼓舞人心的口号——每届政府官员，都是这样完成作业的。

当然，广州街坊也习惯了他们这样完成作业——做作业的，总比不做的好，因此，街坊也认可，广州政府是好政府——尽管治水事关重大，耗资巨大，但广州有钱，有的是钱。这钱，花在了治水上，花在了景观工程上，花在了"聚民心，谋民利，惠民生"上，所以，广州街坊，只要政府花钱做事，就会不喜不悲不怒不埋怨。至于到了2020年，广州河涌能不能无味无臭，会不会再有内涝水浸，那可是没有硬指标，官员不会因为指标没完成，就下课走人的。

因此，我犹犹豫豫，迟疑良久之后，还是决定，整理当年少许采访文章，并加入新客家如我者，当年遭遇水浸街时之惊心动魄的经历。

有了个人的严峻经历，以及几年前那初见广州治水成效之欢欣鼓舞之状况，这样，若干年后，我们若回过头来看广州治水，恐怕就会有追寻的证据与线索了。

先来讲讲自个儿遭遇水浸街。

五六年前，广州大雨如注，天空漆黑如墨。我采访回家，开车至天河。龙口西大水漫街横流，几十辆车密密麻麻，挤成麻花，我落入其中，动弹不得。

窗外雨如盆泼。雨刷开到最大挡，心脏跳得快要蹦出来。水在不断上涨，半个小时过去了，眼见水已越涨越高，除了手心里全是汗，死命抓住方向盘，人却一点办法也没有。

终于，瞅见一辆的士拐到人行道上了。接着，又一辆拐上去。那边地势好像高一些。

瞬间犹豫，要不要跟上？还没等反应过来，就见一道闪亮，照见前面一片宽阔水面，仅有一辆小车，泡在水里慢行，水波如犁。

脑袋一片空白。下意识地，不敢松油门，害怕水进入排气管。前面，小车不动，熄火了。左边，一小车，亦看不见了。

嘴里大喊上帝救命。也不知哪里来的力气，我往右拼命打方向盘，踩着油门，硬生生地冲上了人行道。

车立马卸了水的阻力，轻松地停到了街面酒店前。我趴在方向盘上大喘气。赶紧地，给急坏了的家人报平安。赶紧冲进酒店，想住下来。但酒店已住满。20层高的酒店里，住的全是被困无法返家的司机们。

看着湿淋淋有家难归的我，酒店终于说，只有一间贵宾大套房了，很贵，你住不住？

不住怎么办？那晚，我一个人住在宽敞的贵宾套房里，雨大，人傻，无眠。

天终于亮了。雨小了些，街面热闹起来，拖车的吆喝声传来，探头出去，下面仍是小汪洋。

到中午，水退了些，我终于把车开回家。家人说，那天暗渠水急，有女工失足落水失踪了。去到单位，有同事说，昨天也被困在下沉隧道里，惊险逃命。

老广州　水灾行

此前，看过书上河殇故事，黄河决口，长江水患，饿殍遍野，人吃树皮，村庄被毁，但它远远的，只是在爷爷奶奶的记忆中，在书上发黄的老照片里。

没曾想在广州，我会直接掉进泽国中。也没想到会遇上祸水、脏水、臭水，它们被海水顶着，从地下一股脑地涌出来，翻腾成河，把昔日通途大道，变成凶险的河之谷。

水退之后，我决定去了解广州之水。

几位老广州，冷静地讲述历史上发生的几次大水灾。

他们说，祖辈曾讲过：清乾隆三十八年（1773年）、道光十三年（1833年）发大水，他们祖上的家业，都被冲毁了。

几百年前的故事是这样的：

四月广州，满城芳菲。

乾隆盛世时，商货咸集，苍翠葱茏的白云山、越秀山下，东濠永安桥一带，舟如流水，十分热闹。

◎ 老广州河道如巷，水系成网，《清六脉渠图》清晰呈现广州城水乡面貌

永安桥边，那间二百年老店"永利酒店"，照例生意兴隆。店小二虾仔忙活着，他抹桌擦椅，端酒送肉，喜眉笑眼，十分醒目。

一客人喝得开心，说，仙羊街龙藏里的"龙起井"这两天有动静！早前，好像是宝祐元年（1253年），那井忽然喷水柱，那水柱形状，活生生是条龙！

虾仔听后微微笑。他家就住在仙羊街，奶奶说，龙起井在500年前，就有水龙升腾上天，它喷水时，是会发声吼叫的。

虾仔留了个心，回到家，让奶奶注意听听井里有没有吼叫声。

整个四月，奶奶都在报平安。到了五月，广州开始下暴雨，倾盆大雨，接连地下，一直下了十几天，广州满街满涌都溢水。

那天晚上，困乏至极的虾仔被奶奶叫醒了。"虾仔虾仔快起来，水龙在叫了！"虾仔赶快坐起来，侧耳听了下，那口井果然涛声震沸了。

虾仔心里发紧，感觉大祸就要临头。他抓起干粮，拉着奶奶赶紧走。邻居也冲进暴雨中，与虾仔他们一起跑到城墙上。

一会儿，白云山洪水轰轰隆隆，沿着文溪古道冲下来了。东濠来不及排泄，洪水冲崩了小北门、小南门，冲到东门，硬生生把城门封死了。洪水无法出城，广州全城变成一片汪洋，官廨民房，一并倒垮在水中。

虾仔他们在城墙上待了整四天，等到大水退了才回家。家已没有了。

奶奶号啕大哭。奶奶说，虾仔虾仔，我奶奶只说了龙升天会吼叫，她没说龙吼叫要发大水呀！

虾仔安慰奶奶说，幸好有龙吼叫了，提醒我们跑上城墙，我们才能在生呀！你看现在，广州城河涌沟壕都堆满了垃圾，河涌不通，落雨大，还不发大水呀？！

虾仔赶紧去上工，帮助老板把大伤元气的"永利酒店"恢复了，慢慢地生意又做起来了。

后来，虾仔成家了，他生儿育女，家境渐渐富裕，后来，他又渐渐衰老。老了之后，就把小康之家传给了儿子蚬仔。

蚬仔生儿育女。一个甲子过去后，在道光十三年（1833年）七月，蚬仔没有想到，他和儿子华仔，遇到了更大的水灾，遇到了比他老爸更大的浩劫！

那个夏天，广州也是连降大雨，农历七月十六日，白云山，越秀山，黄花岗的十六条坑水，一齐暴涨奔泻。滚滚浊流汇聚到下塘，翻腾咆哮，冲下文溪古道，堵住了小北门。洪水漫过东濠，灌入城中。芳草街、天官里、雅荷塘、东华里一带，皆成茫茫泽国。

华仔那时正在准备考取功名。洪水夺走了他的房屋家产，也断了他考取功名的经济支撑。华仔欲哭无泪，

◎老广州，水浸街

◎1917年的广州老河涌

城长一段古　069

与同窗们集聚到老师那里,将记载水灾惨况的诗文集中起来。

番禺李鸿仪《羊城水灾行》写得最真,他在诗中这样描述:

> 癸巳七月十六日,商羊乱舞月离毕。
> 连绵昼夜雨滂沱,飓风翻动蛟龙窟。
> 海水横飞十丈高,白云山水流滔滔。
> 海水山水浑为一,须臾平地掀波涛。
> 上塘下塘水如箭,激入北门世罕见。
> 东邻西舍各逃生,驾筏仓皇泪如霰。
> 人家十万羊城居,一朝巨浸半丘墟。
> 冲墙倒壁压街巷,红颜白发填沟渠。
> 死作游魂生饿口,劈空刀落复何有。
> 可怜棺椁厝莲池,涌出城濠会飞走。

华仔们经历了洪水灭城的惨剧,帮手邻居掩埋了亲人尸骨,在坍塌的老屋屋址上,擦干眼泪,重新振作,重新建设家园。

◎20世纪上半叶,广州水浸

罹浩劫后求大治

清以后的广州,不断发生着类似的水患。在越秀桥桥头,一块《整理东濠下游碑记》,记载着离我们不远的一次治理工程。

碑文记载:民国二十一年(1932年)七月,广州连降暴雨,山洪暴发,"塌宇伤人遽罹浩劫,百年以来未尝有。翌岁秋,复遭巨浸,为患无已。"

所以,当时政府痛下决心治理东濠,将广州筑宅地税增至二成,并招标兴建跨涌桥梁,工程由获得美国哥伦比亚大学电学硕士学位的工务局局长文树声主持。

《整理东濠下游碑记》载:"举工事自筑横沙以迄双眼桥,濠长几万尺,阻者宽之,淤者浚之,分级跌流,以杀激湍,并于濠旁拓筑行路以示濠界,而利往来,复于潼关筑口,建置活闸以压倒

◎20世纪30年代,广州民国政府治水档案

流。"之后,又夷平五座狭隘的桥孔,以利洪水通过。

又载,治理了东濠下游之后,文树声又设想要扩大治理成果,他提出,如果能够扩充工程,凿沟、筑坝、修湖,利用山洪灌溉,则治理工程就更加完美了。

但文树声的修湖梦没能完成。抗战又内战,战争让广州再无力去做水利工程。

时间过到了20世纪50年代末。直到这时候,广州的大水灾才被控制,广州市人民政府,带领民众做了几件彻底消除大水灾的有效工程:

1958年,广州开展轰轰烈烈的"造湖"运动,全民义务挖湖:挖麓湖,解决小北水浸街;挖东湖,解决东山水淹和泄洪;挖荔湾湖,整治河涌;挖流花湖,蓄洪与调洪。

从此,广州市区的荔湾湖、东湖、流花湖、麓湖波光荡漾——山洪再暴发,大水有处去,虽说落雨大时,广州还会水浸街,但那骇人的大水灾,却离广州远去了。

岸靓水清东濠涌

治理了大水灾,另一个新问题出现了:河涌溪流变成臭水沟,且它们渐渐发黑臭至熏人却越来越严重。

1999年,我从深圳来广州。在珠江边,见到满江灰黑,阵阵腥臭,便恶心掩鼻,匆匆逃进酒店,关紧门窗,不敢江边行了。

那时住在爱群大酒店。早前,是百年老建筑,坚固罗马柱,珠江上万顷碧波,千帆竞渡的明信片景色吸引了我,带着我到这里。结果,却被那呜咽淌泪的江水,急急地堵回深圳了。

几年后,我调往广州工作。

几年后,广州动手治水,又赶上亚运会,政府立志要让广州变得天蓝水绿。隔不久,业界欢欣鼓舞,都说东濠涌水流清清,治理得不错,我看了图文后也雀跃,赶去采访这条涌。

那天风和日丽,果然,与广州其他黑臭河涌不同,经过落力治理,这里岸靓水清,变成广州亚运会的名片了。

我在新闻稿中记录:"亚运会前,广州人改造了东濠涌,涌里流水变得清澈,涌边修建绿道,全长4.1公里。又有越秀桥、东华西、小东门、自然生态综合广场等亲水休闲带。水畔边,有北园酒家、东平大押、广九火车站旧址、鲁迅故居等,不再闻臭。

广州又建了一座东濠涌博物馆,将逝去的'广州水城'搜集了,把治理东濠涌的计划展示出来,让人们看到城市河流治理之希望,看到大都市也有清流欢笑之可能。"

我又写:"在中山四路'东平大押'碉楼前,车流如鲫。十字路口,葱绿背后,

◎ 东濠涌博物馆一带，水流清澈，孩子老人常在此戏水玩耍。摄于2015年7月

便是令广州人骄傲的绿道。绿道边勒杜鹃跳着水珠。红砖地上，老伯推着孙子童车怡然而过。小靓妹着粉红裙子，师奶穿白色裤子，行过迷蒙天空与水绿树丛，怡然悠然，像极一幅岭南画。"

我记录："彼时，东濠涌正在泄洪。河涌里，几个清淤工人穿着胶靴，齐齐站在污水之中，用刷子大力刷洗亲水台。河涌下游，一个工人撑着小船，用丈把长的网打捞垃圾，人精瘦精瘦。我拍照，前景是洁净翠绿的树，后景是潺潺清亮的水。"

◎ 截污清淤，引珠江水净化后引水入涌。《东濠涌治水碑记》记载了此涌治水关要

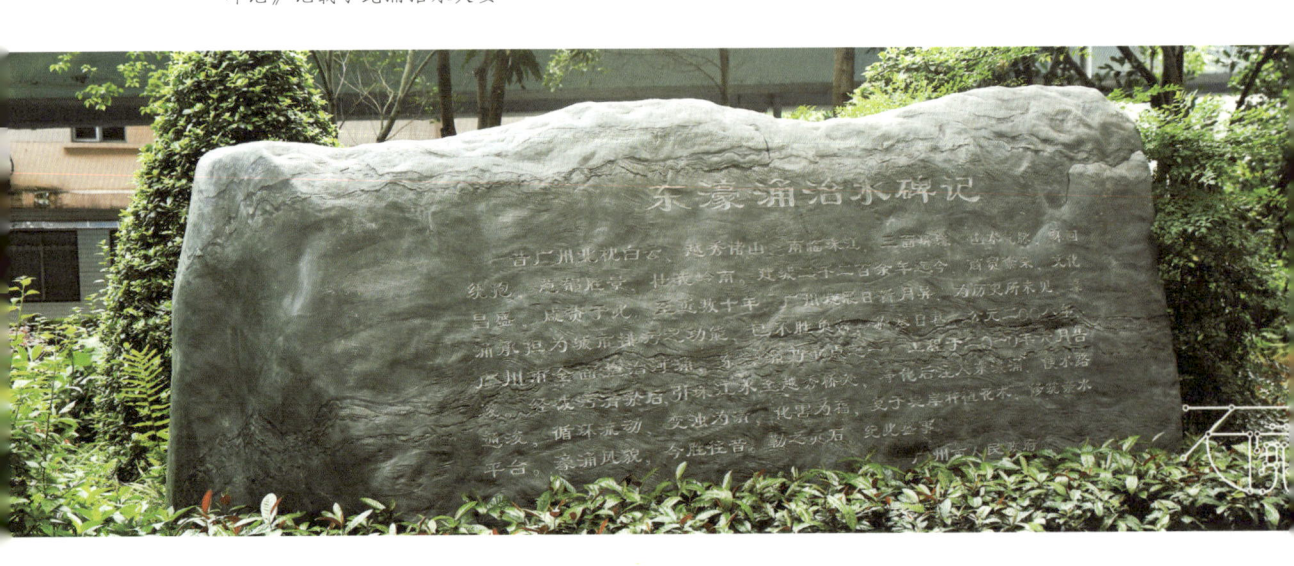

我介绍："下着雨，只有几位观众进入东濠涌博物馆。博物馆不大，是由民国时期两幢旧民居改建的。博物馆分'东濠溯源''东濠蕴梦''东濠哭泣''东濠新篇'四个专题，有实物、图片、投影、音像，看着它，你会进入广州千年河涌文化场景，去体味广州人治水之不易，了解他们何以这样珍惜今天的东濠涌，理解为什么这么多的街坊老小在这里亲水嬉戏，休闲玩耍了。"

上善若水　治水难

实际上，我与大多数新闻同行一样，那段时间比较亢奋，沉浸在"治水成功"的欢乐中。

我们的报道，更多地在怀旧，在讴歌逝去的水城。

我们向读者介绍说，在东濠涌博物馆，一张电子清代广州水城图，呈现了古代广州，珠江与六脉相通，河涌溪流首尾相连，水系网络四通八达的状况。

它显示，清时广州，北面靠山，三面环水，东城西城，建有护城河。那时节，广州人进城要过"水关"，街坊都得撑着船，划进"水关"，才能去到城里面。

我们强调说，六脉渠中，东濠涌建于明洪武三年（1370年）。那时，人们整治河涌，高筑城墙，沿着城墙挖了"濠"（护城河），将原来城中自然形成、断续不相干的河涌，加以疏浚，再与濠相连起来，建成了东濠涌与西濠涌。

我们欣喜：明时的东濠涌曾经很大规模：它长4225米，水面最宽处达11米。而埗头边上，每天百船云集，官家征粮经此运输，民间粮肉、水产、日用品靠它输送供给，更有木料砖瓦等笨重物品，经过水运到达各交易地点。后来，这里又相继有了蚬栏、柴栏、糙米栏等"专业市场"，街坊在此收购批发，生意红火。

至于岸上：博物馆把它做成蜡像场景——商人家中饮茶，河涌上有船行过，岸上富家巨贾私家园林溪水临门，不远处，犬吠鸡啼，木屐踏踏，小贩叫卖，是升斗小民居住的低矮棚屋。

十分重要的是：那时节，东濠涌流动着，水是干干净净，清清亮亮的。

且，清亮的河涌桥底下，蛋家女梳条长辫儿，在卖艇仔粥。她的艇仔旁边，还有菜艇、屎艇、沙艇，远一点，还有紫洞艇、驳船、舢板、渔船挤满水面，河涌边，人欢喜，有诗如此，表明水上人家的生活心态：

"岸上不如船上乐，青山绿水是儿家。"

那几天，为了加深了解，我与几个老广州开着车，沿东濠涌高架桥，一路弯弯曲曲地行过去。

老广州说，我们下面就是东濠涌。古时候，这水流就是弯弯曲曲的。所以，老广州旧城，很少有笔直街道。房屋也建得不整齐。我们周围都是水，所以，建房只能因循着地势，在河涌溪流边来修建家园。

老广州提高嗓门说，小时候，我们还可以在涌里游泳戏水。就是在近30年，这河涌才变黑变臭的。

说到河涌变黑变臭，老广州们深深叹息。

这叹息是惆怅，是伤悼，是对难以追回复原的单纯美好，无计可施的痛惜之声。

我说，广州好彩，已意识到了污染严重，早在10年前，就开始计划治理被污染了的河涌与天空。

英国、法国工业革命时期，用30年时间污染了他们美丽的母亲河。以后，又花费了30年时间，治理好了他们的母亲河。

老广州听了很振奋。他们说，相信广州会治理得天蓝水绿。因为，东濠涌已不再污泥淤积，鱼虾绝迹，河涌边上的居民，不用关闭窗户避臭气了。

那时，我们由衷地为治理有效点赞。

我抄录了"东濠涌一期建设一览表"，它记载此工程：

修建了补水泵站一座，净水厂一座；修复人行道5400米，道路铺装1.1万米，建停车场两处共299个车位，桥梁11座，公厕2座；博物馆1座，运动场1个，篮球场4个，羽毛球与乒乓球场4个，健身器材100件；绿道5.1公里，自行车驿站1个，咖啡馆、茶艺苑各1处；绿地7.6万平方米，乔木4600株，亲水台2处，木栈道500米，凉亭5个。另外，还有光亮工程，视频监控工程，广播工程，90个视频监控点，等等。

的确，彼时的东濠涌，一路呈现的是美丽的现代化，那时候，广州人享受着，许多街坊带着儿孙在水中玩耍，靓妹、靓仔牵着狗狗怡然自得，六七旬的老人家，兴致勃勃，独自在清澈流水里放纸船……

但我也很担忧，因为，在一期工程长长的清单上，我看到，真正让河涌变清的实质性工程仅仅是：修建补水泵站一座，净水厂一座。

问专家，他们解释，实际上，治理东濠涌，并没有彻底解决水源问题。是政府花了大本钱，从下游

◎ 整治前的东濠涌，臭气熏天，污染严重

◎ 从2008年起，广州全面整治河涌，东濠涌工程2010年6月竣工。图为工人划船清理涌里垃圾

抽取了珠江水，把水抽到泵站里，再对上游东濠涌补水，这样，加上净水处理，才让东濠涌的水流保持洁净的。

换句话说，这是一个需要财力支撑的工程。若要按这种办法来治理广州河涌，要花多少银子，才能换得水体洁净？不解决污染源，每天抽水换水，能够支撑多长时间呢？

果然，不久后政府换届，治理东濠涌的二期工程就被否掉了。原因是，没有全面摸查情况，没有系统研究对策，论证不科学，烧钱太多，等等。

东濠涌应是广州治理最好的案例之一。在荔湾区，不少河涌掀了盖，经治理，涌边风景变美了，但截污首尾没做好，落雨大，水浸街，不落雨，涌里水体也不清亮了。

于是，老广州们呼吁：希望政府落实治理规划，全盘考虑，根据财力实际，一段段地有效地治理河涌。

他们直截了当地说，不要只顾政绩风光！应该落实跟进长久治理！我们希望揭盖复涌不是欢喜一时，不要"落雨大"就被污水灌！如果让街坊反受其害，还不如不揭盖，不复涌。

呵呵，又回到中国先贤"水能载舟，亦能覆舟"的古训了。

老广州们还通过人大、政协议案，将呼声发出去。他们发问：政府能否治好水？能否全面总结亚运治水计划，公布治水资金使用明细及工程进展情况？能否全面启动广州市水污染调查，启动全面改善广州水体的方案呢？

政府官员们回应说，会不断地反思，制订更好的计划的。

于是，明白"上善若水"道理的，受到父母街坊严重期待的，被母校老师寄予莫大希望耳提面命，立誓要为民服务的官员们，在人生理想与做官，在中心任务经济指标与治水民生之间，比较痛苦地权衡轻重。

终于，《南粤水更清行动计划》面世了。计划明确

○ 涌边绿道

城长一段古　075

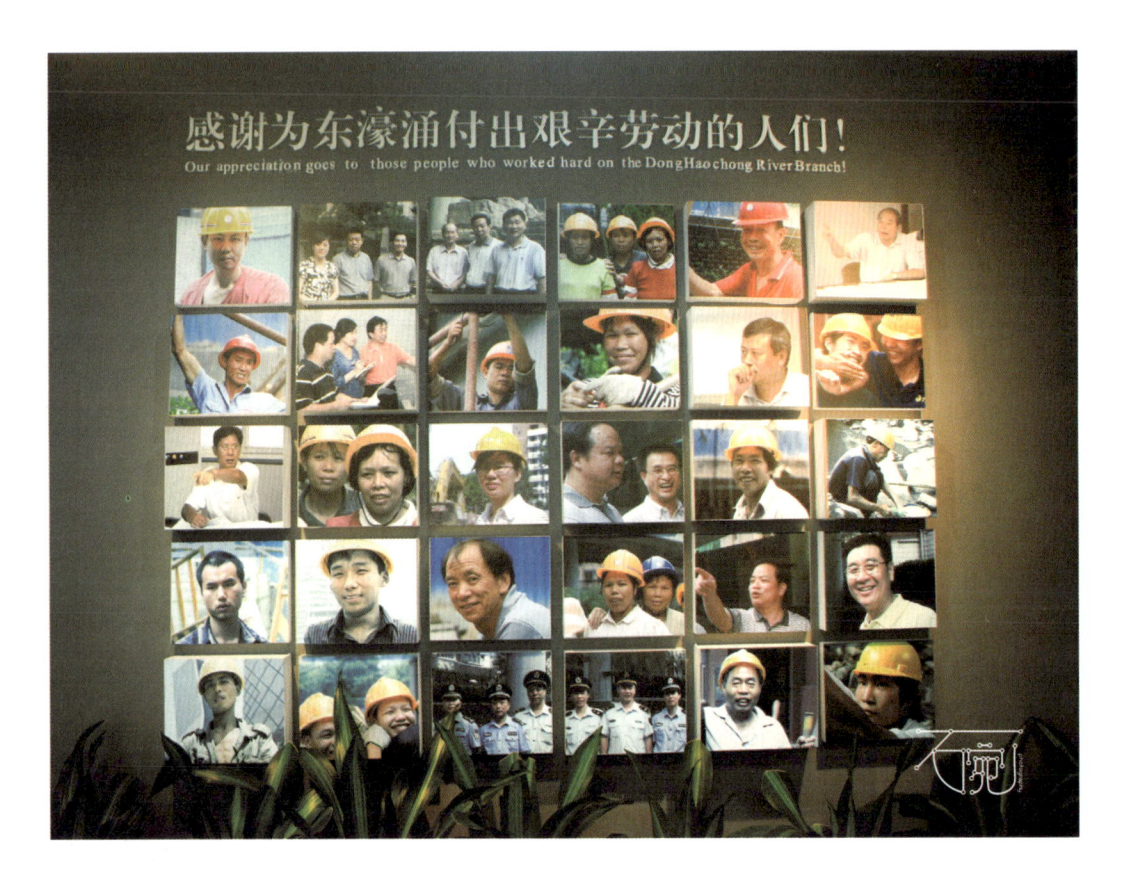

◎2010年东濠涌竣工后博物馆展出的笑脸图

写道："到2015年底，基本完成珠江三角洲流经城区的主要河涌环境综合整治，实现不黑不臭。"

广州好彩，又得到了一个不错的答复。

广州真的好彩，在此书将出版的2017年，我们看到此计划已基本完成——漫步城区，条条河涌臭味已减，曾经污黑横流的河涌，水体变灰。虽然，这离水体清澈还相差甚远，但是，河涌毕竟经过治理了，我们有理由相信并期待，再过几年，它们如同东濠涌流水清清，欢快吟唱贺新生。

白云山间岭南史

一座白云山,半部岭南史。郑安期、崔与之、黄佐……先贤们树立的卓绝精神,让白云山生生不息,岭南文化的脉络遗存如岚如虹,在山中史书般地展开长卷。

广州
城脉

◎ 海拔382米的广州白云山，是广州人的家山

20年前，我与一帮同事广州一日游，爬了白云山，就忍不住直嘀咕：这算啥山呢，峨眉、黄山、华山、泰山，那才是山呀！

10年后，我在广州安家，重阳时节，年年见到万千市民摩肩接踵如潮涌入白云山门，渐渐就惭愧，渐渐也明白，呵呵，这座山，就是广州山！虽然，它海拔偏低，但它在广州人心头，分量却极重：那是他们的家山，这家山连着他们的血脉，根系深长啊！

那年白云山做圣诞节活动，我去采访，研究者拿出厚厚的几本东西，重重地说，假如你读懂了白云山，其实就读懂了半部岭南史！

我狐疑，半部岭南史，夸张了吧？

但那双眼睛坚定地炯炯发亮。我回家，赶紧翻开资料——心里"哎呀"了一下，真的，这座不高的山，原来确是广州城的依靠，上下千百年岭南人文，尽在云山中啊！

键盘清脆，我急速地敲新闻稿。其中文字有：

那白云山背靠大庾岭，襟怀大海，穗城得以厚重宽广。它有多厚重呢？它的地质年龄，已近四亿年！

白云山逶迤于南方五岭之尾，30多个山峰足有32.7平方公里，其山岭婀娜宽阔，面积相当于一个澳门。

◎广州城赖白云山得以厚重宽广

白云山有容即大，它林木繁茂，溪涧纵横，仙人采药，高僧建寺，帅相行山，文豪们在大氧吧中赋诗长吟，老百姓在此登山祈福，岭南文化的脉络遗存如岚如虹，在山中史书般地展开长卷。

摩星岭上几重天

我介绍：1930年，两广地质人员测定了白云山地层，它为水口系，时代划归晚古生代。1988年，中山大学地质人员对白云山地层，做了剖面实测，南起濂泉寺遗址，经天南第一峰，白云山顶，北止于摩星岭西坡，全长2600米，测量地层总厚度1460米，他们的结论是：白云山为"中泥盆统桂头群"岩层形成年代，距今近4亿年。

4亿年的白云山慢慢长出摩星岭。摩星岭不高，海拔才382米。但许多中老年登山者，往往都爬不上摩星岭。

我写道：此番在摩星岭上，见到了郑安期、吕洞宾、苏东坡等19位人物的石刻浮雕图。

◎摩星岭上，19位人物石刻浮雕讲述秦汉至清的历史故事

在这幅图中，19位人物在白云松风中神态各异，宽袖拂动了19个故事……

当时，因为是做新闻，只能把故事存入脑库里。现在，有篇幅可讲了，首先且必须要讲的，是那个仙人郑安期。

广州人，特别是老街坊，都知道传统节日"郑仙诞"，这郑仙，就是郑安期。

广州人说，靓仔郑安期曾经在海边卖药。当他在白云山骑鹤仙去时，已经一千多岁了。

广州人又说，官府讲的那些故事不靠谱。其实，秦始皇命令郑安期采蒲涧九节菖蒲与十二节菖蒲做仙药，因为限期到了，他还没完成任务，无奈，他就去跳崖自杀，却被白鹤接走了。（秦以后的官本是：郑安期仙人也，与秦始皇平起平坐，点化秦始皇如何成仙。）

我看到，在广州老街坊眼里，郑老汉在强权之下，也是个无奈苦逼的老百姓。但他的好，在于他非常长寿。街坊因此敬重钦佩这位千岁老者。为了不忘却而纪念，很早的时候，广州人就把郑老汉跳崖的七月二十五日，定为郑仙诞，并在白云山上，建了郑仙祠。

李白、苏轼，都为郑老写诗词。

李白写："秦帝如我求，苍苍向烟雾。"

苏轼《广州蒲涧寺》写："不用山僧导我前，自寻云外出山泉。千章古木临无地，百尺飞涛泻漏天。昔日菖蒲方士宅，后来薝蔔祖师禅。而今只有花含笑，笑道秦皇欲学仙。"

那几个老广州，坐在溪泉奔涌的蒲涧边，喝茶慨叹：两个大文豪，都在问苍天，我们小百姓，才不问那样多。成仙不可能，只求不打仗。身体康健，有闲喝茶，全家平安，好运好福，爬山看花，殷殷实实，就知足了。还求什么呢？

蒲涧泉水哗哗地流。

老广州们听着山泉飞溅，怡然自得。其中清瘦者转头向我，骄傲地说：打小起，我们就知道，这白云山就是我们的家山了。

他们如数家珍：摩星岭上，有"九龙泉""安期井"；摩星岭下，除了这蒲涧，还有濂泉、双溪、百花涧、鲍姑井、玉虹池、月泉井、虎跑泉、五宝泉。早辈子，从上几十代爷爷起，男人女人就在山下种菜做豆腐，从山里汲泉水喝。这里泉水甘甜，白云山豆腐是出了名的好吃，这里有三十多平方公里大森林，空气都是甜的，是个大氧吧！

他们还强调：白云山上有许多醒目人物，留下许多故事。

于是，我从那厚厚的书中知道了：郑安期成仙后，晋代葛洪，便跑到白云山，与美丽的鲍姑一起在山中炼丹，并写成了著名的《抱朴子》；南梁的景泰禅师，到了白云山建寺庙，羊城旧八景，因此便有了"景泰僧归"添诗意。

◎ 碑林一角。右边高大石碑镌刻明代黄佐《白云山赋》

    到了唐宋，杜审言、李群玉、苏轼、韩愈、崔与之等，便接踵到白云山来赋诗吟啸；到了元明清，又有王佐、李德、赵介、陈子壮、刘永福、屈大均、黄泰泉等，在山中结诗社，抒发济世大志俯览千古；还有一美女诗人张二乔，才情可比薛涛，她将剑胆琴心诗与魂，永远留在了山中百花冢……

    还有碑林景区。在白云山上，这片碑林占地16,000平方米，置放着320块室内碑、露天碑，加上摩崖石刻——这无数的无言石头，将那些年代的青春热血、思想感怀记下来，镌刻了，让我们能够看到远古，看到那些岭南风格的艺术佳作。

崔与之与白云山

    白云山宽广博大。它容纳了太多的杰出优秀人物，在此生发促成了岭南文化。也因了这一代代的精英人物，白云山充满了生机，他们，才是那稳阵葱茂白云山之魂。而其中，有两位广东籍人物特别卓越，南宋丞相崔与之，就是其中一位。

崔与之来自广东增城，一生清正廉直，因一生都保持着这宝贵品格，直到今天，广州街坊对崔丞相仍然十分推崇。

老广州娓娓述说时，流露出一种深情。我感觉得到，那是百姓街坊，对清官好官的由衷认同与赞扬。也是对今天贪官的无耻贪婪，没直说，又无奈，却十分痛恨的鞭挞。

他们说，一千多年前，广东仔崔与之被派到浔州做官，遇到了备荒粮食仓库失修，又没钱维修的难题。当时，浔州郡守盘算着把仓粮卖掉，这样，可以换回一笔钱，又省了一笔修仓库费用。

崔与之听了，坚决反对。他说，国家和地方都不能没有备荒粮啊！如遇灾荒，这可就是救命粮呵！几番说话以后，郡守明白了。他采纳了广东仔小崔的建议，揭掉了官署屋顶上的瓦，用它修复好了备荒的粮仓。

此举令百姓频频点赞：廉官呵！揭掉自己官署屋顶的瓦，情愿拥挤着办差，也要保证备荒粮库不淋雨，真的是好官呵！

后来，果然有荒年，浔州百姓却有粮食吃。老郡守很敬服崔与之，就举荐他去了安徽淮西做了提刑司检法官。

崔与之一上任，就发现百姓们受到恶霸欺压。他不理前来献媚的恶霸，据实替百姓说话。又有王枢密的儿子依仗老子撑腰，霸占了不少家乡寺田。官司打到崔与之这里，崔与之脸一沉，不惧压力，以小小提刑司检法官之职，直笔判处了王枢密之子归还寺田。

这样，崔与之执法持正，清正之名鹊起，朝廷便派他去今江西黎川县做知县。开禧年间，南宋与金开战，地方官要完成加税任务，都想方设法向百

◎崔与之像

姓分派军需。但崔与之却不加重百姓负担，一切军需由官府负责解决。黎川百姓因此得到休养生息，从心里认同崔与之是自己的"父母官"。他们晓得，崔与之与他的同僚们，无论是战时还是和平时，都在勤力做事治理县事——做官的，行在正道上，百姓才会安稳呀！

更难得的是，崔与之不仅自己清正廉洁，而且，严格管教下属，奖廉劾贪。任广西提点刑狱公事时，更走遍广西所部，雷厉风行惩治贪官，其行状，形同开封的"黑包公"。

老广州述说：那年，崔提点渡海到了海南岛。他去暗访，发现官吏无法无天地祸害百姓，便要问案严惩贪官。

当地官吏极力辩解，说：我们海南与内地不同，这里天高皇帝远，神仙极灵，所以，我们向来都是要问神，才断案。

崔与之怒道："我欲为民除害，岂问神邪！"他立即着人升堂，拿出铁据，按照法律，严正问案。

崔与之对腐败官员，处罚极严。嘉定六年（1213年），他出任工部侍郎，发现许多官员多拿养资，不干实事。崔与之上任后便事必躬亲，对欺瞒不实者、多取养资者，用大板子侍候。令那些犯事属吏，摸着屁股，胆战心惊，莫不战栗。

清正的崔与之，得到了百姓一个个点赞。在海南，他公开免除苛捐杂税，又革除了当地诸多弊病，把官场风气肃整一清。海南民众，写了表扬信张贴说，崔大人，好官啊！

和平时，清廉之官仿如父母，带领一方得蒙福；战乱时，正气之官又浩气冲天，保得一方有平安。

嘉定七年（1214年），金国侵逼，南宋朝廷破格授崔与之直宝谟阁，暂派他去扬州主事。崔与之到了扬州，选守将，集民兵，浚城壕，修城寨，金人早知崔的威名，又听说崔如此如此，便吓得不敢深入扬州城。

后来，外敌进犯四川，战事十分危急。朝廷又急忙把崔与之调到成都，做本路安抚使。崔入川，便对外地蜀中能人一视同仁，量才使用。同时，劝诫戍帅协调肃整军政纪律，广积钱粮，重视备战。如此，金人不敢犯。

嘉定十六年（1223年），崔与之在四川镇边时，已经六十多岁了。崔与之上报朝廷，请求退休，仍然没有被批准。

皇帝把崔与之召到京城，要他帮助管理国事。而这厢金兵打探到崔与之离去了，立即又兴兵入侵。崔与之不得不再临边境，金兵才退去。

四川人民深深敬佩崔与之的官品人品，他们称崔与之是"岭南古佛，西蜀福星"。崔与之的画像，也被挂在成都仙游阁，与张咏、赵抃一起，受到成都人纪念。仙游阁，也被称为"三贤祠"。

四川人敬重崔与之，是因崔之所为，是寻常官吏非常之难为。百姓心里有一杆秤，崔与之廉洁如一，不像现今陷入58、59魔咒之退休官员，临了临了，最后挨不住，伸手去抓钱，把自个儿放进大牢里。

四川主政期间，崔与之每年上交赋税的青苗钱为15万石。而他之前的官吏，却只每年向朝廷上交10万石。超过10万石的青苗钱，他们就中饱私囊了。

崔与之不爱金钱，那么，对奇玉美锦呢？他仍然是视而不见。离任那天，按惯例，四川各路都有馈赠，俗谓"大送"，他都一一谢绝了，干干净净，清清爽爽，乘舟归粤。

对崔与之如何能够为天下众多官吏之不能为，老广州们习惯地没有去深入探讨。但他们说：崔与之是这样成长的——

崔与之祖籍河南汴京，出生在广东增城中新坑背崔屋村。其曾祖因避战乱南迁，经江西到河源，至父亲崔世明，才在增城定居下来。

因为颠沛流离，历经艰辛，崔世明在增城定居后，很快早早去世了。崔家更加贫困，但崔与之非常懂事，获得亲友资助后，他十分珍惜，发愤苦读。

国将不国，家不是家，父亲早亡，艰难的生活大概激发了小小崔与之立志要改变。从读书起他就胸怀大志，超拔同窗，他说，"读书务通大义，不事章句；为文务得大体，不事缀辑"，少年崔与之，已把济世为民看作了大事。

绍熙元年（1190年），崔得书友资助，赴临安入太学读书。三年后，他皇榜有名，成了岭南由太学生考中进士的第一人。

后来，崔与之便一生为国操劳。回到广州时，他已经67岁了。他把家安在广州今朝天路崔府街上，其间，皇帝一再封官请他出山（崔与之一生中曾13次辞相），他一再上疏力辞所封之官职。这样，崔在广州待了十余年。

对白云山，崔与之感情很深，他称它为"家山"。在成都出任知府兼本路安抚使时，他在《水调歌头·题剑阁》里唱：

"万里云间戍，立马剑门关。乱山极目无际，直北是长安。人苦百年涂炭，鬼哭三边铎镝，天道久应还。手写留屯奏，炯炯寸心丹。

对青灯，搔白发，漏声残。老来勋业未就，妨却一身闲。梅岭绿荫青子，蒲涧清泉白石，怪我旧盟寒。烽火平安夜，归梦到家山。"

这首词，写出一活脱脱爱国忧民的崔与之。崔与之期望结束战争，百姓不再受涂炭，期望天道回到正轨，词作雄壮豪迈一如辛弃疾。而蒲涧清泉白石，淡淡白云家山，则是词人心系所念，也是他政治理想中平安宁静的家山。

崔与之回到广州后，常游白云山，轻松欢喜之时，作诗长吟："何处好寻幽隐地，长松流水白云闲。"

这就是爱国忧民的崔与之，心系家乡的崔与之，写得一手好词的崔与之。

◎崔与之所咏"家山"白云山今天更实至名归（白云山管理处供图）

词坛上，因为崔与之，岭南小格小调词风渐颓，从而走向豪迈雅健。崔创建了"雅健"的岭南词风，是"粤词之祖"，为此，我们也给他点个赞！

崔与之对岭南文化的贡献不止于此。

学术思想上，崔与之创立了岭南学术史上第一个重要流派——菊坡学派。

他反对风靡中国的程朱理学风，倡导学问要经世致用："胸中经济学，为国好加餐。"

他对理学被官方推向独尊不以为然，到晚年，曾节录刘皋语为座右铭："无以嗜欲杀身，无以货财杀子孙，无以政事杀民，无以学术杀天下后世。"这种思想，对岭南思想界影响巨大，广东人务实通达的立世根基，恐与崔与之等先贤早期树立，关系紧要。

崔与之去世时81岁。去世前几月，他还写："东南民力竭矣，诸贤宽得一分，民受一分之赐。"他常说："官职易得，名节难全。"临终留下遗嘱："不许作佛事，子侄俱不得求官阶。"

广州人对崔与之十分推重。张九龄谥"文献",崔与之谥"清献",称为"二献"。从南宋起,广州学宫就有祠祀张崔二人,这种纪念一直延续到清代,像今天广州解放中路的学宫街、白云山蒲涧寺、海珠区漱珠岗,都曾建有崔公祠。

明代黄佐

南宋有崔与之,明代有黄佐,黄佐也是白云山上一位超拔者。

白云山碑林入口处,竖着一块最大的碑刻《白云山赋》,作者是黄佐。在今天广州青年文化宫附近,有条不长的内街叫"圣贤里",这圣贤里,纪念的也是黄佐一家逾400年的绵延书香。

老广州介绍,黄佐是广东中山人,弘治三年(1490年)生在岭南一儒学世家。他是岭南儒学集大成者,也是一位伟大的教育家和文献学家。

黄佐一生,做过翰林院编修,广西提学佥事,南京国子监祭酒,少詹事等。为官时,他力推儒学教育,建乡村社学,修《广西通志》,记民族历史,并以其壮浪诗作的成就,成为岭南诗派领袖。

《四库全书总目提要》评价黄佐,说他的学问在明朝人物中最有根底。他精通典礼、乐律、辞章,曾参与编修《永乐大典》,一生撰述,有260余卷,共39种。

其中,对广东特别有价值的,是他纂修了志书《广东通志》70卷、《广州府志》70卷、《广州人物传》24卷及《香山县志》《罗浮山志》等。

这位明代大学者,还写了《乐典》《泰泉乡礼》《论学书》《论说》《东廓语录》《翰林记》《小学古训》《泰泉集》等,这些著作,为后人留下了宝贵财富。

为纪念这位杰出人物,万历《广西通志》将他列入名宦传,清朝初年,他与王阳明等被列入广西

◎能仁古寺《德被苍生》石刻,为广州杰出历史人物点赞

名宦祠，供人致祭。现在，白云山栖霞岭景泰寺前，还有黄佐墓，广州市已把它列为重点文物保护单位。

云山胜境大公园

白云山上胜景颇多，古代近代当代，几乎到广州来的政要们，都会在白云山留下足迹。

白云山山庄旅舍，被称为"南国钓鱼台"。那里有广东老省委书记陶铸倡种的佳树奇花，苑围5000平方米，栽有玉堂春、含笑、金丹桂、晚香玉、南洋杉等。

1965年，周恩来在此接见了印尼总理，召开了重要的国事会议。1978年，邓小平来到山庄居住，在此构思了中国改革开放的春天故事。

现在，我们在白云山上可以看见朱德"锦绣南天""双溪"等题刻，还有董必武留下的"白云松涛""山庄旅舍""绿树多生意，白云无尽时"等好书法。

一代文豪郭沫若，20世纪60年代几次到广州，为白云山留下对联及"听泉之处"书法石刻。陈毅，柬埔寨的西哈努克亲王等，都曾到过山庄旅舍。因当时南来的国家领导人大都住山庄，所以，大家称这里是"南国钓鱼台"。

与宁静、空灵、瑰丽、传奇的山庄旅舍不同，白云山其他景区最大的功用，是做了广州市民和各地游客的大公园。

广州市民都知道，要洗肺就要去爬白云山。

所以，每当夜色降临的时候，白云山的几大山门前，就停满了城里出来的小车。那些天河、越秀的白领们，从窗户紧闭的摩天大楼里跑出来，把车放到停车场，就比肩接踵，一排溜说笑着上山，把清新的空气吸进肺里，将肚里的浊气排个干净，然后，再去白云山吃沙河粉。

到了春天，明珠楼的桃花涧热闹非凡，广州人简直是倾城而出，男女老少，拿着相机穿梭花海，那欢喜美丽的情景，不亚于日本人过樱花节。

◎董必武亲笔书法

◎ 旧时白云山麓

　　而云台花园离中心区最近，它玫瑰园里的玫瑰艳丽名贵，滟湖上，花钟边，谊园里，经常有老外及各国政要来观光。

　　随节令变化，白云山每年举办着各种适令活动。那年圣诞节，我去采访。山顶广场上，竟置放了一棵由99,999粒"石头记"天然水晶打造的水晶圣诞树！那里，变身成了温馨的圣诞小镇。广州市民，尤其是靓妹靓仔们，在圣诞之夜，拖着手一起去登白云山，山上温馨浪漫，年轻人经历着宝贵爱情与快乐。

　　新年、国庆、五一，白云山更热闹。那年也去看新年晚会，见到现代技术制作的全息灯光，配合激光舞、街舞、水晶鼓舞，引得市民肩驮孩子踮脚观看。正宗老广，则去看山上的粤剧黄梅戏演出，几天过节，白云山便松涌大壑涛声响，天上街灯通夜明。

　　有数据说，遇到节日，每天都有十几万市民登白云山。广州人爬山，赏山下灯火，享清新山风，累了，饿了，就吃沙河粉、白云猪手、山水豆腐花、斋烧鹅。到了清明祭、重阳节，白云山人流更逼爆，每日人流量，最高达到了20万人次。

　　写到这儿，不禁想起20世纪50年代，郭沫若为白云山写对联的事。

　　那天，广东省副省长古大存上山，诗兴大发，吟诵了"天风海水白云间"的诗句。接着，郭沫若来到白云山，此山管理处就想向郭沫若讨个对联，并把古大存的诗句拿给郭沫若看。

郭沫若读了古大存的诗，便挥笔写下"旭日朝霞红日乱"，作上联。又将占省长"天风海水白云间"作下联，只是改"间"字为"闲"字，为白云山拟成了"旭日朝霞红日乱，天风海水白云闲"一对联。

今天，读郭沫若的对联，觉得它古意素朴，50年代的白云山，人少，山静，与今天广州人流涌涌的情景，差别天壤，郭老若在世，该做何怀想呢？

我还是喜欢董必武"绿树多生意，白云无尽时"的诗句。它生机蓬勃，将无尽云山，遥远历史与无限未来，尽写诗中，董必武，毕竟是杰出政治家———代伟人，品格风采，仿如白云，悠悠长长，惹人思念啊！

◎瑰丽摩星岭下之灯海羊城（白云山管理处供图）

越秀山，镇海楼

越秀山镇海楼，藏着广州历史文化的精华，广州的人文风俗，也在镇海楼里，与越秀山朝夕伴潮汐。同时，镇海楼见证了粤人与大地和海洋的浑融一体，以及中国与世界的联结。

◎ 越秀山，古城墙，镇海楼

一缕阳光照进挪亚的方舟里，洪水退了。它淹没了高山、大地，一共150天。《圣经》旧约记载，耶和华神曾对挪亚说："你要用歌斐木造一只方舟，分一间一间地造，里外抹上松香。方舟的造法乃是这样，要长三百肘，宽五十肘，高三十肘。方舟上边要留透光处，高一肘。方舟的门要开在旁边。方舟要分上、中、下三层。"之后，耶和华神就开启了天上的窗户和渊源，洪水泛滥在地上，漂起方舟，除灭了行恶的人们。

接着，耶和华神令洪水退去，又与挪亚立约，要他与后代管理好大地与海洋，又赐一切活着的动物做人类的食物，如同此前所赐的果实菜蔬一样。

上古的故事美丽而悠远。洪荒过去的地球上，人类渐渐繁衍，遍布大地，农夫渔人，耕种捕鱼，在东方，在西方，辛勤劳作，享受做工所得，演绎了一部宏大曲折的史诗。

广州仅仅是这部史诗中的一个小段落,是不可或缺的东方故事一小段。

见到岭南越族人

这段华彩章节叙述的是人类与海洋的故事。人们考古发掘证头,远在四五千年前,岭南越族人,就懂得了造"舟"在海边捕鱼。渐渐地,他们的船只造得高大结实了,便划向大海深处,到达东南亚海域。一代又一代,他们在大海中辨识潮流,越走越远,不知从哪一天起,他们到达了辽远的太平洋群岛。

在印度尼西亚的苏拉威西岛,在北婆罗洲,在菲律宾群岛,在太平洋波利尼西亚群岛一带,人们发现了中国越族人彼时使用的文化器物。考古专家论证后说,这些东西,是越族先人跨海来到这里的遗物,这些东西们,无言证明,越族先人就是开辟海上丝路的先驱。

我不知道,那些个久远的文化器物,远离中国,在异国的土地上重见天日时,会不会眩晕?它们,晓不晓得,昔日主人早就变回了泥土?

实实在在的,昔日的舟楫也变成了泥土。大海茫茫混沌。

几千年前,也许,那几个驾船的后生仔遇到了台风。也许,他们顺着南海,在海上漂荡了半载一年后,于孤独无望中,终于有一天得着海鸟指引,在大海晨曦中发现一线陆地。

那片陆地就是他们的生机。他们登上这片陆地后七歪八倒精疲力竭。后来,他们从树上采下果实来吃,又捕鱼来烧火煮熟了吃,有了力气,砍下树枝搭了小窝棚,住下来。这些艰辛,应该就像1985年2月20日,中国科考船去到南极普利兹湾海域,在那里艰难破冰,建立了中国南极长城站一样。这第一次的航程,也许就是以后海上丝绸之路的民间源头。

◎ 广州博物馆展览的三千至四千年前的"广州南沙人"骨架复原像

大海哗啦啦地退潮，岛屿渐渐地隐去。我晃晃脑袋，深呼吸。晓得眼见图像，碎碎片片，来自那年采访越秀山上的广州市博物馆。

赶快起身，打开电脑，调出资料来。

图片哗啦一下排开。那古代越人的照片及图说，东汉时期的陶船，一下捕捉住我的眼球。

这就是了，这也许就是我一直在寻找的岭南土著先民。这些隐藏在各种著述里的神秘族群，现在从稀少的描述中跳出来，开始解答我心中的问题。

这位古代越族人，皮肤黝黑，双眼深邃，下颚骨有些凹陷，嘴大大的——在当今看惯了大嘴美女之后，我觉得，当年他年轻时，也是一位标准的越族美男。

图说介绍，这张古代越人照，是由广州市文物考古研究所提供的。2008年，广州首次发掘了一具完整的南沙人骨架，人们把它复制成形，命名为"广州南沙人"，并做成了雕塑展览。考古鉴定很学术地说，这位南沙人，距今3000多年，属亚美人种，男性，45~50岁，身高1.70米。

这美男旁边，挂着一张古代越人习俗表。这张习俗表简明扼要，望着这张习俗表，我眼前不停地开始组合闪回——慢慢地，古代越族人阿海（也许，这是他的乳名）走出了照片，走近了陶船，天上开始下雨，他奔跑，跑向离大海不远的低低山岭。那里有绿色田地，田地中间，灰黑色的一簇房屋，应是他的家。

阿海的家越来越近了。家有些低矮，有点像个巢，建在许多柱子上。它有点像我们旅游时，在边远苗乡看到的干栏建筑，上下两层，下层柱子间养着几头牲畜。

雨越下越大，滴滴答答，渐渐又起了水雾，瘴疠升起来，虫蛇爬上来，阿海用棍子击打虫蛇，跑上楼去，关紧了房门。风从屋底穿过，一片雨声中，阿海换下短袖湿衣，露出结实的胸脯与胳膊。他的女人阿霞，用欣赏的眼神看着他。胸脯和胳膊上的文身很漂亮。一头短发湿漉漉的，十分浓密。阿霞拿来一条汗巾，替男人把头发擦干了，端上饭来，香喷喷的，下饭菜是两碟，一碟是她早晨从海边捡来的蛤贝，一碟是男人捕捞的海鱼。

他们都跣足不履。光着脚，在海里，在水里吧嗒吧嗒地劳作，十分方便。男人们，都断发文身了。断了发，文了身，有点像鱼龙，与海中物暂为一类，不让它们伤到他。他们不像汉人那样身体发肤受之父母，一辈子都不剪头发，他们剪发且常常变化发式，既时尚，又舒服。

说着话，岭南的黑云飘来一阵就走了，天霎时晴朗，阿霞伸头撑开窗户，太阳照进了小屋。

阿霞回头对阿海说，邻居孩子应该举行成年礼了，邻居上午来问什么时候行礼好。她拿来一块合适的鸡骨，按照规矩占卜，问了吉凶，说，明天是个好日子，都要打扮得漂漂亮亮的，为孩子们举行凿齿礼。

第二天，阿霞替男人做了个新发型"椎髻"，出门了。族里男女老少聚集在一处。大家抱着自家压印着方格纹、曲尺纹、米字纹、水波纹的各种漂亮陶罐，盛装着白云山流下的纯净山泉，来为邻家孩子们"打牙"。这三个孩子长成大人了。还有一两个妹仔，也亭亭玉立，今天要在族人面前，举行隆重的成人仪式——拔牙凿齿礼。

阿霞和阿海摆上了鸡鱼蔬果，领着大家排成两队，敬天敬地敬海神。大家崇拜歌唱，拉手跳舞。之后，年轻男仔女仔上前来，由大人们把他们的门齿和犬齿拔掉了。然后，又用植物把牙齿漆成黑色，从此，这些没了门齿和犬齿且"黑齿"的青年，走到哪里，都有了自己的标志，他们从那天起，就正式进入了成年，可以恋爱，可以结婚成家立业了。

阿海家族里有一面十分重要的铜鼓，摆放在一间大屋里，由族中首领掌管。出海前，要祭海。祭海时，要对着这面铜鼓礼拜。他们尊重铜鼓，因为，它是神器——祭拜它，敲击它，洪亮的声音越过山岭大海，它告诉山神海神，他们来取食物了，神明会保佑他们拿走应得的，保佑他们出海远行，平平安安。

古代越人"断发文身"等习俗，也影响到了从北方来的汉人。《史记》记载，南越王赵佗去见汉朝派来的使者陆贾的时候，曾椎髻箕踞。

此后的岁月，汉人与越人平和相处，通婚生子，让汉文化与越文化渐渐融合而胶合了。后来，湛蓝的天空里，有五羊衔着谷穗降临广州，这穗城便很少再有天灾。

◎1856年年底时的广州全景

恒久不变镇海楼

越秀山镇海楼,藏着广州历史文化的精华,其人文风俗,也在镇海楼里,与越秀山朝夕伴潮汐。

镇海楼建于明洪武十三年(1380年)。它,曾经是广州的地标,那些远航的船队,在茫茫人海中,只要望见了镇海楼,就知道,陆地临近了,广州快到了。

镇海楼,也被广州人骄傲地称为"五层楼"。因为,早在800年前,广州就很威水,建成了五层楼!

那时,广州城内还是一片低矮平房。广州人站在家中就能望见,越秀山苍葱的山脊上城墙蜿蜒,城外,就是高大巍峨的五层红楼。

1929年,"五层楼"成为广州市市立博物馆。

1950年,广州市市立博物馆改名为广州博物馆。

广州人对越秀山和五层楼有一种特殊的情感。几位广州同事,听说我要去采访,非常热情地要做我的向导。

他们七嘴八舌地说:"你知道吗,小时候,我们就常去五层楼!""那个体育场,可以坐下3万人!体育

◎ 英法联军占领的广州五层楼

◎ 20世纪二三十年代的广州五层楼

◎2011年的五层楼——
广州博物馆

◎一对年轻恋人在
镇海楼最顶层拍照

场设计得好靓。它建在越秀山一个谷底，结实得很！""我的老豆、叔叔阿姨，都去义务修过体育场，它那些坐台，刚好是依着山坡修出来，一层层的做成坐台，看比赛，好自然！"

那天，我来到越秀山公园西门，爬上一个有点长的山坡，见到工人们高高地站在古榕间，认真地维修宋城墙。

游人们在宋城墙与镇海楼下拍照。他们须后退再后退，要退得远远的，才能把巍峨的古建筑装进镜头里。

一对年轻恋人徘徊在镇海楼最顶层。阳光不老，照耀着600年默默相守的红砖墙与800年宋城墙。小靓仔面色严肃，拿出手机，把自己和小靓妹拍进这百年沧桑里。

越秀山有两个湖。早年，从越秀山流出的溪水聚到这里，再流向山下，孕育了广州最早的越王城。

◎ 今天越秀山林叶茂密，古城墙修葺一新

◎ 明清时期广州地区铸造的大炮

20世纪，五层楼还位于城市中轴线上。现在，新中轴线东移了，五层楼被城市远处63层、81层摩天大楼比下去，不再是这个城市的地标。

但广州人说，五层楼不仅仅是座古建筑，更是老广州心中恒久不变的精神支点与原点。现在它依然是老广州才懂的，意味久远的老城标识。

当年，广州某报曾有一栏目，就叫《五层楼下》。老广州深情地介绍说，这《五层楼下》，名字起得好，办得也很好。许多年，它议论城事，批评不良，扶持邻里，办得很火很聚气。它的精神根本，大抵来自五层楼。

也搞笑，那天我走出五层楼如厕时，见到几个外地女人大声嚷嚷，在厕所里急火火地抢位。外面一溜，却是排队规矩等候的广州女人。

那是我走遍全国公厕，第一次见到的，最温和最淡定的女人。是五层楼下，最文明的广州普通女人。

产业兴旺外销瓷

采访那天时间充裕，得博物馆邓女士指点，再走一百米，我去分馆"广州美术博物馆"看海外遗珍展。

进一楼，便见一幅占了大半墙的古代广州外贸路线图。

海洋上，插满了小旗帜，表明这条路线经亚洲到欧洲、澳洲。当年，那些外国船队，从广州驶出珠江口，便载着中国瓷器、丝绸、茶叶，把神秘中国的好东西，带到海外各国去。

现在，欧洲人将许多遗珍，送回到广州展览。

遗珍展解说员讲，要特别注意，"海外贸易，艺术交流，智慧结晶"三个关键词。

我觉得三个词提纲挈领。它串起这段人类经历，可以让我们正面回忆那几个世纪发生的温暖画面。

先来截取13世纪的一小段场景，看看当时世界那厢的模样。

那时，欧洲各国开始远航，穿过大海到东方寻找金灿灿的黄金。意大利威尼斯商人马可·波罗历经艰辛，进入中国已经4年了。他惊奇地发现，中国人在地球这厢创造了绚烂文明。譬如，中国人会织造美丽丝绸，还会制作一种温润陶瓷，并且，中国人善于把天地灵气、花鸟鱼虫、山川湖泊、爱好趣味，嵌入陶瓷里，并让它闪闪发亮。

于是，当他终于回到威尼斯时，他带上了那些闪烁着明亮光泽的精美瓷器。那天，马可·波罗在自己的家里宴请亲朋。他小心翼翼地取出瓷器，十分隆重开心地把宝贝传给大家欣赏。大家问，这好东西叫什么名字？马可·波罗挠挠脑袋，忽然联想到那名为"porcella"的美丽贝壳。而这些美丽贝壳就在他的壁柜里，他走过去，它们就在那里向他清脆歌唱。马可·波罗更加欢喜，就对亲朋们说，中国的美丽物件太像"porcella"了，就让我们叫它"porcelain"吧！

在威尼斯，马可·波罗一夜声名大噪，据说，带回的中国宝贝，让他成了当地首富。

商界的风传得很快，中国的美丽瓷器很快在欧洲成了上流社会的奢侈品。然后，又慢慢进入中产家庭。嗅

◎广州博物馆陈列的各式陶屋

◎广州博物馆陈列的陶船

◎ 18、19世纪，广州与世界主要贸易地区已打通海上航线

着市场的气息，英法等国外公司，都开始集中经营日用瓷器了。

他们到了广州，将中国生产的各种盘、碟、碗、茶具及咖啡具、杯杯瓶瓶等运上大船，大船吃水深深，中国瓷器运到本国，让他们的餐桌立时变得美不胜收。

到了18世纪初，欧洲中产人家碗橱里的餐具，一套都有80头。名门望族家使用的餐具，甚至超过600头。

想想风靡世界的英国电视剧《唐顿庄园》，Grantham伯爵家用餐最简单的情形：大队仆人按照规矩，端上来60个菜盘，24个汤盘，13个托盘，8个碟，4个盛酱油器，1个盛鱼碟，2个盖碗，6个盐瓶，还有6个牛油碟，6个沙律碗，摆放整齐了，主人们从楼上下来，端坐着，愉快进餐。

有一天，Grantham伯爵要招待贵客了，管家便取出一套更讲究的中国餐具：除了碗盘碟外，餐桌中间置放一个美丽的椭圆形瓷器摆件，餐桌上，还放着调味瓶、盛冰桶、烛台、草莓碗、水果碟和花篮等。这些餐具清丽雅致，流光溢彩，它们与那些贵重的银质刀叉一起，摆放在餐桌上，几十名仆人举着托盘鱼贯而至，彬彬有礼，悄没声息地放上丰富的食物。

中国广州的商人们，也弄懂了"番佬"的生活方式。他们手里的订单增加，订金刷高，他们惊讶地发现，英、法、荷兰等国的"番鬼"们，是这样狂热地喜欢着中国瓷器。他们十分聪明，知道了，那远在天边的岛上居民的消费能力，有点像住在京城的中国皇帝。而其消费规模，又比中国的奢侈阶层更大更宽，所以，他们喝着早茶决定，对大海那边的宽阔市场，一定要抓住，且一定要紧紧抓牢了。

那时，中国北方官家认为，中国就是世界之中心与世界老大。皇帝要求西人使节朝见，一定要下跪叩首。老广们十分聪明，他们避开了内陆朝廷的思想辖制，也很轻松地减轻了内陆帝国更朝换代带来的创伤，很实际地，他们一代又一代地与西人做生意。

在珠江口，他们根据西人需要，一直收单制作一种外销瓷：西人来了，讲出自己需要如何：或绘西人历史故事，或绘西人家乡风景，或者写上某某西人名字。广州人一一将它们记下了，签了合同，订下交货时间，送单去生产。

老广们，就这样各用智慧抓住客户，共同开发出一个市场，渐渐地，把外销瓷做成了一个产业。

这是一件了不起的事情。它让中国陶瓷走向了世界，并且，通过无数张订单的制作，派生出无数创作，从而让这个产业保持了旺盛生机，生存并活跃了几百年。

我在广州美术博物馆，亲眼看到了一个稀奇的物件——男用剃须盘。还看到一件更有趣精致的东西——一只女用夜壶，且是用青花描金，牡丹竹石图做装饰的。

这些东西，据说老广们未曾用过，甚至在外销瓷中，也是稀罕物。

那剃须盘长得啥模样？

它圆圆的，乍看像一菜碟。但这菜碟有些怪：它的圆边上，缺了一块，是个豁。一个月牙形的豁。

原来，这个豁是用来卡住剃须人的下巴的。那剃须盘的底部，还有俩小孔来系绳，这样，就可以挂在男人的颈项上，装剃下来的胡须。

◎ 男用剃须盘

再有那个女用夜壶。邓女士笑着说，那时，当老外把这个好看的东西送给博物馆时，她们也猜了半天，这个带柄的小花盆似的东西，是拿来做什么用的。

专家们说，外销瓷的丰富内涵，远远逾越了瓷器本身的造型、图案或功能。它们让人缅怀过往，也真实写照了历史风貌与特质。

◎ 女用夜壶

我举手同意专家意见。我想，面对这些发光的实

物,比如,瞧着那个男用剃须盘与女用夜壶,中外的性学专家一定有了实据去浮想联翩,从而对中外性学历史,做出比较论述。

此次遗珍展,外国友人还送回大量通草画。这些色彩艳丽的通草画,是广州人将"通草"切片做成纸,再由广州画家们采用西洋画法,绘出岭南风貌、市井风情、花鸟昆虫、人物故事、帆船房屋,等等,极有东方韵味。

广州"一口通商"时期,那些外国使节和商人,纷纷买通草画回家,把它当作纪念品带给家人朋友,让大家了解中国风土人情。

而这些通草画,多由广东的不第文人绘就,因此,街头路边,多了绘画一族,卖画商店也多多营业。

粤绣是中国四大名绣之一,在遗珍展中,几幅宽大的清代粤绣夺人眼目。

它的风格很特别:远看非常醒目,近看又精细非常。外销粤绣中,广州人绣出了西方油画一般的作品,因此,老外们也纷纷拿着样本来要求加工。到清乾隆年间,广州绣店发展到了逾50间,绣工达到了逾3000人。

眼下,广州外贸已非常难做。世界早已联结,"地球村"里,已经是你有我有全都有,广州很难拿出独特产品来供应海外市场了。

一方面,大量毕业的学生,涌进城市的农村人,时时不能就业;另一方面,那些需要更多个人技艺,需要更多个人智慧的工作,如拯救粤绣及开发新的艺术品,已少有人问津……

◎广州美丽的通草画是外商钟爱的"手信"纪念品

时代风华

西关小姐 几代风华

张竹君、罗秀云……这些风华绝代的西关小姐们，柔肩担使命，以医学启蒙社会，救民救国，谱写传奇一生。

◎清末民初，广州西关小姐闺房

　　阳春三月，鸟雀在窗外声声叫早。梦里迷蒙，似在千里之外重庆郊外外婆家。竹林迎风，溪水在石桥下潺潺，美丽精致的二叔婆来了，是与乡下女人不一样的军中护士：她手脚麻利，送刀送剪，运送伤员，腰板挺直，皮肤极细，温言软语，人在乡下，却像一朵绚丽黄玫瑰。

　　又见邻居朱婆婆。是在重庆长江边老屋楼梯上。她的脸仍如满月，弯眉长眼慈祥地笑着，身上还是穿那件华丽的褐色香云纱，问我：你几时放学了呀？这次，回来住几天呀？

　　我是放学回家了，也是在暑假寒假，悄悄地看着雍容美丽的朱婆婆：她靠在宽大的铁艺雕花床上，翻杂志，看小说。

时代风华

外婆说，朱婆婆年轻时也是一名护士。抗战时期，她跟随医生丈夫，也在前线救死扶伤。

立刻看见了上海硝烟街垒。抗战抗战！在那个国难当头的时代，她们白衣白帽，一群巾帼不让须眉；到了和平年代，她们成了婆婆，在长江边上的山城，给一个小女孩，留下刻骨铭心的印象。几十年后，在这个清晨，她们入梦，前来唤醒我。

舍不得睁开双眼。梦中系念一代风华。看见山冈上，劲风中摇曳一簇簇红色的、黄色的、艳丽的玫瑰。

终于，我睁眼醒过来。我猜想，儿时的印象竟如是清晰，外婆辈的女人们许是知道我在寻访西关小姐，便飞越长江莅临珠江，来会同辈，探孙辈？

转头看下床头柜，那里放着一堆资料，随手取

◎西关大屋老照片

几张看，脑里更加零星散乱。心头更惶惶，思绪四散飞荡着，无所系。

手里的资料太肤浅。资料描述：西关小姐打扮入时，或坐黄包车，或坐私家汽车，带着贴身丫鬟，花园锦簇，结伴而行。她们经常出入有名的香水粉店，到绸缎庄量身定做美丽时装。

到了人日，她们游花地；到了乞巧节，她们游石门；到了郑仙诞，她们游白云山。举凡热闹佳节，在人流之中，西关小姐换上新装，气质高雅地引人瞩目。她们，形成了一道动人心魄的风景线。

至于内里生活，资料如是描述：她们是大富人家的千金小姐，如果说，一杯红茶，一个壁炉，一栋洋房，显出一个归侨东山少爷的范儿。那么，一盆兰花，一笼画眉，一手厨艺，就是一个地道西关小姐的精致形貌了。

我有些疑惑，摘下眼镜，闭目看过往：清末民初大变革，资产阶级在革命在流血，以后，日军入侵，中国大抗战——想一想，西关小姐们，怎么可能，会那样安然地居住在深闺？怎么可能，会那样一盆兰花，一笼画眉，一手厨艺，在青砖趟栊门大屋里坐下去？

用脚去想也会知道，家庭兴衰与国家兴衰关系密切，她们的父辈是商人或官员，这些社会中坚的女儿，怎么可能，还不如中国内地的，我认识的那些一腔热血，执业报国的婆婆们？

广州，与上海、长沙一样是新旧交战最激烈的城市，西关小姐，怎么可能只是打扮得入时，只知买香水，结队逛街博眼球的一群呢？！

于是，我起床，洗漱，吃饭，然后到西关去。好几天，我在逢源街、多宝路、新荔枝湾旧骑楼、残存或修复好的西关大屋里搜寻。

老广州说，你去找找张竹君。找找夏葛女医学堂。还有广州市第二人民医院，它门口的雕像，塑的就是一个西关小姐——著名的妇科圣手梁毅文。

如是，我沿着历史溯流而上，在广州深处，在老榕遮蔽的大屋与骑楼里，我终于找到那些风华绝代的西关小姐！

这里，是西关坤维女子中学。这里，是西关夏葛女医学堂！这里，还有夏葛女医学堂的若干毕业生的芳名！她们是：张竹君、苏恩爱、黄雪贞、罗秀云、梁友慈、张星佩、吴雪卿、梁焕真、梅恩怜、黄德馨、毛慧德、梁毅文！

直觉这一串名字意味深长。我直感它们有价值。

便尝试着，推开那历史之门，走进去。我悄悄对那些西关小姐说，你们太不简单，太杰出了！就让我们这些客家晚辈，以你们的经历做骨架，还原逝去的岁月，为后代，讲段故事吧？

照片上，她们对着我微笑。于是，我打开电脑，开始写下这些故事——

1899年　夏葛女医学堂

那年是1899年，从广州西关逢源街基督教礼拜堂，走出来一个金发碧眼的年轻美国女子。

她站在礼拜堂门口，眯起眼，看到一束金色阳光，将茂密的榕树影子，碎碎地投射到对面的青砖趟栊门大屋院墙上，又投射到深深长长的街巷中。麻石路不宽，两只麻雀飞起来，停在一间大屋的满洲窗上，那里面，传出女童的清脆读书声。

这年轻的美国女子，名叫富马利。富马利博士毕业后，接到了美国基督教长老会要她去中国的通知，她便拎了只皮箱，漂洋过海，到广州办医学堂来了。

富马利办的是一间女子医学堂。后来，为纪念捐款人，她为学堂起名为夏葛女医学堂。

富马利的学校，起初借用礼拜堂，只有一间教室。

今天，富马利要迎接两名新生，其中一位叫张竹君，她是西关三品京官张世蒸的女儿，也是美国基督教长老会传教医生嘉约翰，在广州开办的博济医学堂招收的首位女学生。

麻石巷里，一辆黄包车轻快地驶近，它在礼拜堂前停下来。富马利看到，车里跳下来一个秀眉大眼的女孩子，她站在阳光里，笑着，明艳而洒脱。

她晶亮的眼睛望着富马利，没有一般中国女孩子的羞涩拘谨。这让富马利感到意外，但她立刻从心底里欢喜，对着张竹君笑了。

张竹君端正地站好，恭恭敬敬地，给富马利鞠了躬。她也没有料到，这个美国女教师竟是这样年轻而亲切！

迎着富马利的微笑，张竹君感到刚才紧绷的神经松弛了，这美国女老师没架子。她庆幸，自己很好彩，正当自己为博济医学堂没有其他女生做伴而犯愁时，富马利办了女医学堂，自己转学过来，可

◎ 在基督教逢源堂旧址新复修的教堂。摄于2014年

○ 富马利像　　○ 柔济女医院旧址　　○ 夏葛医学院、柔济医院师生参加红十字运动

以继续学业学习西医，治病救人了！

大洋两端的两个优秀女子，就这样，在广州西关，在逢源街礼拜堂前见面，开始了她们的师生情。

奇女子　柔肩担使命

时间极速飞逝，张竹君从博济医学堂转入夏葛女医学堂学习，转眼就以优异成绩毕业了。

毕业那天，她做完学堂里的最后一次晨祷，静静地望着不远处的荔枝湾。

那湾碧水流向不远的珠江。珠江之上，邻居们与洋商做生意，金银斗进，西关大屋富庶繁荣；但珠江上也有大量水上疍家，密密匝匝挤在一起。这些穷苦疍家，几乎一贫如洗，全家生活就在一条小船上。前几天，还有一俄国报纸说，这些疍家平时做运输，没活儿时，就守在船上，看有没有人把动物死尸扔在水中，如果有，就赶快捞来做食物。

时代风华　■　111

◎张竹君像

张竹君心里涌起难言的悲凉。那是一种深深的悲悯。是对受苦同胞，对生活艰辛的兄弟姐妹，发自内心因关切而生的痛，因信仰上帝而生的爱，因祖国贫穷落后而生的哀。

她感谢上帝，让父亲思想开明，鼓励自己走下绣楼，与弟兄们一样，接受了良好的教育。她感谢老师教会自己医术，又将耶稣的慈爱传达给自己，让自己明白救穷人于贫病水火之中。

沉思中，她没看见富马利已走进教室，站在讲台上。富马利精神端肃，来给毕业生们上最后一堂化学课。

张竹君很快聚精会神地听课。她把那课程吃进去，把那些化学公式，一一刻进脑子中。

下课钟声响起来，富马利将课本撂起来，继续站在讲台上，开始用中文对女学生们作简短的毕业叮嘱。

她说：你们，应谨记学校的立学宗旨："以耶稣真理为体，以新学救人为用。"你们，是中国妇女优秀者，今天学成离校，一定要牢记："以天道救人之灵，以医道治人之身。"

"离校后，你们要走很长的人生路，但一定要记得肩上有重担。要'振兴世界，扶植国脉'。"

"要切切牢记：'不能把所学知识，当作别开生财的门路。'要把自己奉献给真理道路，感谢天父圣灵，他会与你们同在，亲自来带领你们的脚步。"

张竹君眼睛潮湿，心里一句句回应着老师的教诲。她懂得这些话语的意义重量。她知道，自己今天从这个教室里走出去，很快就会与闺密徐佩萱一起，开办褆福医院，专心为贫民治病了。自己所学的知识，将一一派上用场。自己将与男子一样，治病救人，悬壶济世了。她觉得，富马利活生生就是自己的榜样。以后，自己也要像老师那样，做一个甘于奉献，有大爱，有担当的奇女子。

◎记有张竹君芳名的博济同学姓名录

启蒙先驱　女界梁启超

1900年，在西关荔枝湾畔，张竹君得到父亲资助，与徐佩萱合办的禔福医院开业了。

这是中国人第一次由女子自办医院并任院长。那时，西医还没普及，中国大部分妇女还裹着小脚，张徐两个年轻女子，竟开办了医院，与男人平起平坐了！这件事轰动了西关，许多人没病也来光顾医院，只为好奇，要来看看女医生的芳容。

年轻的张竹君没工夫理睬外面的议论，她全心为穷苦疍家妇孺治病，并在医院设福音堂传讲基督，更定期举办演说会、讨论会，传播新知，阐述时事。禔福医院，成了广州新派人物、知识分子的聚会中心。

时年23岁的张竹君，成了广州新女性代表人物。当年报载："每到礼拜的日子，她就讲说，听的人一天比一天多。"演说中，"她常说，现在各国强盛的缘故，是在乎努力争求有用的学问，若稍懈怠一点，就难存留，故此中国该当人人专心有用的实学。国是众人合成的，人人该当想尽自己的职分。我们如今的责任，要紧是把西洋那些好规矩、好学问，慢慢地栽下种子。"

对三纲五常，尤其是男尊女卑，张竹君深恶痛绝，她"痛讲中国风俗是男女的分别太过"，力倡"男女该当平等"，号召女界"力争"平权，"怎么争呢？就是发奋在学问上头，学西洋有用极新的学问。"

张竹君的演讲让听者惊奇万分。报载，那些听者议论：23岁的姑娘，怎么高明到这步天（田）地！

张徐办的医院，受到了贫民的交口称赞。收获到赞扬鼓励，两年后，她们又在漱珠桥开办了南福医院，再内设一间福音堂。

同时，张竹君又创办了育贤女校，自己做教师。除了医学之外，她还教妇女们天文、地理、格致等各样浅近的学问。白天，她治病、教学；夜晚，她埋头写书，《妇女的十一危难事》，将中国旧时妇女受压迫的卑贱地位一一揭露。到了星期天，她带着大家读《圣经》做礼拜，"讲说到国家的艰难，万事的败坏，她总是悲痛叹息，至情感人。"

张竹君的演说会及她的人格魅力，吸引了当时的社会名流胡汉民、马君武、朱执信、卢少歧、宋通儒、程子仪、周自齐、王亦鹤、张蒿云等人。他们常常来聚，天热时，大家就坐上张竹君长期租用的一只大花艇，在习习江风中，一同游弋在珠江上，议论国事，指点江山，同舟共济。

张竹君，被同仁们比作"女界梁启超"。

巾帼英雄　一生传奇

张竹君的一生是个传奇。

她一生未婚，但爱恋她的两个男人，一个是民国元老、先后在孙中山总统府担任秘书长和广西省省长的马君武，一个是东莞富绅之子卢少歧。

张竹君终生未嫁成了未解之谜。但她是竹君，是个异数，她走在民国战争与革命的路上，留下一串深浅足印。

1902年，为了更好地办医院，张竹君去新加坡考察。不巧，她在当地遇到了鼠疫流行。二话不说，她受聘做了当地"中国医院"院长助理，全力加入救治之中。

1903年，广州开始流行霍乱，张竹君忧心如焚，马上建议当局，不喝被污染的珠江水、井水，用船从广州西北郊外的石门，汲运小北江水回城，做民众的饮用水；禁卖腐烂瓜果；向病人家属宣传，不将吐泻秽物倾倒入江河。她的建议被当局采纳，疫病蔓延源头被切断，数周内，广州控制了疫情。

1904年，日俄战争爆发，张竹君受命组织救护队赴东北，抢救被殃及的同胞。同年，她以广东医界代表身份参加上海万国赤十字会，从此在上海设立诊所，成为上海第一位执业的女西医。

1905年，张竹君与谊父李平书创办上海育贤女学，又创办女子中西医学院。张竹君任院长，并执教西医课。1909年，两人合办的上海医院成立，她出任监院（院长），坚持采用中西医两法治疗病人，领沪上以中西医办院之先。

1911年10月，辛亥武昌起义爆发。张竹君发起并组织成立以上海医院为首的中国赤十字会，并自任会长。随之率救护队120多人，到武昌为起义军民救死扶伤。同时，她掩护革命党人黄兴、徐宗汉（即她的闺密徐佩萱）夫妇等，避过了清兵追捕。

起义中，张竹君屡次涉险，带领救护队治疗受伤战士1300余人。中外媒体感佩她在枪林弹雨中的英勇表现，纷纷报道，有媒体更把她誉为"中国第一个南丁格尔"。

战事结束后，起义军授予她"巾帼伟人"匾额；中华民国临时政府授予她"立国纪念勋章""赤金红十字军功勋章""中华民国忠裔纪念章"，以旌其功。

1912年，张竹君等发起成立中华医药联合会。同年"二次革命"时，她再组赤十字会开赴前线救护，拯生命于危难之中。

1917年，她成功开办健华颐疾院。

1926年，上海霍乱流行，她把健华颐疾院改设为临时"沪西时疫医院"，及时救治了众多病患，并对医院及患者相关秽物作焚烧处理，有效遏制了疫病的传播，为全面控制疫情做出了贡献。

1932年，上海"一·二八"战役中，健华颐疾院被炮弹击中，张竹君于炮火中亲率医护人员雇来数辆大卡车，召集了义勇之士，把院内病人运至安全之地。

是时，张竹君已年过半百，但她亲自带着助手深夜偷越法租界，在枪炮横飞中，往返于枫林桥救护受伤军民，直至十九路军等撤离淞沪。

张竹君与她的恩师一直保持着师生情谊。在上海，富马利倡议筹建旅沪粤人礼拜堂，张竹君慷慨捐金5000元。

在上海，她数十年如一日，为贫病百姓赠医施药，深受市民爱戴。在救死扶危和驱除疫病期间，她先后收养了逾20名孤儿为义子女，视同己出，把一片爱心倾注于他们身上，尽心竭力栽培抚育他们成才。

1964年，昔日美丽的西关小姐，88岁的张竹君两袖清风，微笑着安息主怀。她很是欣慰，自己践行了"以天道救人之灵，以医道治人之身。振兴世界，扶植国脉，不能把所学知识，当作别开生财的门路"的校训，辛勤工作，无悔一生。

张竹君远去了，但因种种原因，这位巾帼英雄，妇女求独立求解放的先驱与榜样，在几十年时间里，曾经湮没，不被提及。

◎张竹君，红十字军装像

西关小姐　几代芳华

值得欣慰的是，如今历史真相都渐渐还原了。

人们发现，20世纪初，像张竹君一样不用缠脚布，进入女子中学及女医学堂学习的西关小姐，从三个两个，到十个八个，渐渐地，变成了一个庞大群体。

她们像风信子一样飞向中国各个城市，并在那些城市开设医院。老广州说，他们的奶奶辈回忆，当年在中国各大城市开女子医院的执业女医生，几乎都来自广州西关夏葛女医学堂。

有名可查的，就有前文提到的十几位。而梅恩怜、罗秀云等，又是其中佼佼者。她们是夏葛女医学堂的早期学生和教师，她们协助富马利扩大女医

◎民国晚期的西关小姐

◎1914年，柔济医院为患者做卵巢切除手术前。左为富马利博士，中为夏马大博士，右为中国医生罗秀云

学堂，将无数西关小姐培养成中国女医生，成为当时中国最著名的女子医学院——夏葛女医学堂的拓荒者和中坚力量。

在一张珍贵的资料照片中，有两位美国女医生和一位中国女医生正准备为病人做手术。其中一位美国女医生是富马利，而那位苗条美丽的中国女医生，就是1904年毕业的罗秀云。

与张竹君一样，罗秀云也是曾祖母级的代表。史料显示，罗秀云从进入夏葛女医学堂起，就开始协助富马利工作，并在创办"广东女子医学校"和柔济医院以及端拿护士学校筹备阶段，负责募捐筹款并做司库。1904年毕业后，她担任柔济医院院长，夏葛医学院院长，端拿护士学校护士长。进入中老年，罗秀云在荔枝湾畔开设了"罗秀云诊疗所"，尽了自己最后的力量治病救人。

罗秀云的人生轨迹，应是20世纪初那些受过良好教育后，走上社会踏实沉静工作，一生敬业，救死扶伤的职业女医生的生活写照。

各出所学，各尽所知，使国家富强不受外侮，足以自立于地球之上。
——詹天佑

◎立于西关老屋前的詹天佑铭字牌，写照优秀的西关小姐，也激励后来者

葱茏繁茂 别样人生

梁毅文的人生足迹，接续着上一代西关小姐未行之路。她像南方之榕深入大地葱茏繁茂，她用精湛的医术和生命，迎接了千万新生命，用她的渊博独到，培养了千万后来者。

◎西关小姐铜像

历史进入了20世纪30年代，下一代的西关小姐一双天足，青春无敌，她们走得更远，活动舞台也更大。

那时，西关小姐接受良好教育已成风尚，她们或从女校毕业，或从国外留学归来，成了饱读诗书、学贯中西，在教育、医学、商业、文化艺术领域、政治舞台上长袖善舞，与男人一样负责任并独当一面的一群女孩子。

像巾帼英烈陈铁军，像留美博士、著名妇产科专家梁毅文，就是她们中间的佼佼者。

从儿时起，我们这一代对陈铁军、周文雍《刑场上的婚礼》的故事，就已经耳熟能详了。但是，当我知道陈铁军毕业于广州西关坤维女子中学时，不由得"呀"了一下。原来，这个美丽、坚强、镇定、勇敢的女孩，也是西关小姐！

◎石脚、青砖、趟栊门、满洲窗之西关大屋院落

以前那种遥远感消减了，原来，陈铁军原名陈映萍，她生长在那新知涌入的西关大屋里，后来，她加入了共产党，成为中共广东区委妇委委员，之后，又义无反顾地为心中的理想走向刑场……

由于读者诸君对陈铁军的故事太熟悉了，所以，我转头讲下梁毅文的故事。梁毅文的人生足迹，接续着上一代西关小姐未行之路。她也毕业于夏葛女医学堂，也是做了女医生，她像南方之榕一样深入大地葱茏繁茂，她用她的青春生命，迎接了千万新生命，用她的渊博独到，培养了千万后来者。

20世纪30年代　　留洋女博士

梁毅文生于1903年。

1923年，她于广州西关夏葛女医学堂毕业获得博士学位后，1929年又到美国费城女子医学院学习，又获得该学院医学博士学位。

此后，梁毅文又两度留洋：1931年，她到奥地利维也纳医学中心进修妇科、解剖学、病理学；1949年，再赴美国纽约医学研究中心，深入研究解剖学、病理学。

梁毅文与她夏葛女医学堂的前辈一样，做学生时就立下了为贫苦病人治病的心志。但与她的前辈相比，她的志向更远，一心想要做的事情，就是切切实实提高中国的妇产科治疗水平。

西关小姐中，因为众所周知的原因，许多人都留在了国外。但梁毅文却把个人放下，记住了母校的校训："振兴世界，扶植国脉"。

可以想象，1929年，一个年轻端庄、家境富裕的女孩子在美国拿到博士学位的状况。她满可以留下来，有条件开诊所，拿高薪，嫁人，过中产阶级的舒适日子。

到1931年，梁毅文到奥地利维也纳学习。在那个美丽的音乐之都，她也可以留下来，找一个丈夫，组建家庭，生几个宝宝，买幢别墅，也可以在那里周济穷人，

○妇科圣手梁毅文博士

◎ 梁毅文工作一生的柔济医院。图为新院1937年奠基纪念石

◎ 柔济医院现存建筑林护堂。摄于2015年

做做慈善，不用回国，良心上也可以很安稳。

1949年，梁毅文再到美国深造。这一次，中国前面的道路并不是晴空万里。但梁毅文还是选择了回国。

这就应了梁毅文名字中的"毅"字。是坚毅，是坚持，是晓得祖国姐妹需要自己，是根植于心中的那种大爱光照着道路，在支持着她，要在祖国"扶植国脉"。

梁毅文用一生奉献践行了母校校训。

几度留洋，她每次都回到了她的"家"：广州柔济医院。在那里，她解决了诸多妇科难题，辛勤工作了一辈子。

很难想象，20世纪30年代，中国妇女获得解放不久，中国男权还十分强盛，男人仍然三妻四妾，内地乡村的童养媳还在苦苦挣扎之时，梁毅文就已经在职业道路上达到了一个境界，已经在中国医学界小有名气了。

广州人都知道，梁毅文能做妇科阴式手术，治疗不孕症颇有办法。他们还知道，一个女人宫外孕大出血，差点就死了，是梁毅文用这个女人自己的血回输，把她从死神手里救了回来。

更让人佩服的是，1944年，梁毅文为一个女人切除了一个重达90磅的卵巢肿瘤，报纸争相报道，坊间啧啧称奇，这件事一下成了广为传播的新闻。

到了20世纪40年代后期，梁毅文高超的医术更加纯熟，她声名远播，被公认为华南地区一流的妇产科专家，在同行中被誉为"南梁（毅文）北林（巧稚）"，而她所领导的柔济医院妇产科排名，也位于南中国医疗界同行前列。

不知经历了什么故事，梁毅文一辈子没有结婚。她每天都在忙碌着，一辈子都欢喜地笑着，迎接太阳，迎接呱呱坠地的新生命。几十年下来，她亲手接生了逾万名婴儿，经她治愈生子的女人，也多得不可胜数。

熟悉梁毅文的老广州说，梁毅文的生活相当简朴。但他们同时又讲，梁毅文始终拥有一种优雅的生活态度。到了晚年，梁毅文喜欢穿大襟衫，它们是用棉布缝制的，整洁又笔挺。至于梁毅文的一颦一笑，动静举止，别人都学不来，那是一个大家闺秀的风范，是穿过世纪风雨，吸收了中外学养精华，外化出来的一种光华。

在罗列了梁毅文的种种精彩后，我觉得，必须给读者诸君补充讲讲老广州讲说的，这位20世纪30年代西关小姐的几个小故事。

故事一　仁心治贫妇

1928年，梁毅文任柔济医院妇产科主任。珠江边上，不少水上疍家妇女贫病交加，梁毅文她们在柔济医院赠医送药，从死亡线上救治了许多贫穷人。

又一天，一个农妇满面病容，衣衫褴褛，来到梁毅文家，求她看病。梁毅文赶紧让农妇进到里屋，躺在了她自己的床上。洗手消毒，准备好了检查器具，梁毅文在床前跪了下来，给农妇仔细检查。检查完了，梁毅文的衣服全被汗水浸湿了。

◎1988年，梁毅文（右）与邓颖超在中南海

20世纪70年代初，梁毅文下乡巡回医疗。回到广州，经她治疗的乡下农妇又来找她看病。友人见她加班看病，劝她休息。她说："这些农村妇女生活太难了。我给她们看病，可以让她们省下挂号费，又可以尽量开一些便宜又有效的药，帮到她们。"

故事二　清洁工诊断葡萄胎

"文革"期间，梁毅文成了"特务"，受尽了屈辱。她的家被抄了，被剃了头发挂牌游街，被罚到医院扫地、洗厕所、倒痰盂。

梁毅文很淡定，将地和厕所，都打扫得非常

时代风华

干净。有一天，一个妇女如厕时，对朋友说起了自己的症状，梁毅文听见了，判断她是葡萄胎。梁毅文不便上前搭话，但又担心病人耽误病情，于是，她写了张纸条揉成团，扔到患者脚边，告诉她赶快去找自己的学生某医生。一检查，果然是葡萄胎。

病人得救后，到处夸赞广州市第二人民医院厉害，她说："二院真威水，连一个打扫厕所的清洁工，都会看病！"

大爱　支撑　奉献

关于梁毅文仁心仁术，治病救人的故事，打开电脑点击一下，可以看见一大堆。

关于梁毅文对中国妇产学科做出的杰出贡献，入职以来担任的种种职务，进入老年后设立的奖励基金，以及她1991年逝世后获得的种种尊崇等，资料上也有一大堆。

毫无疑问，梁毅文是大家公认的杰出女性，也是西关小姐中的佼佼者。

我不由得想起了她的前辈和校友张竹君。

对比一下，我惊奇地发现，尽管她们的人生故事不尽相同，但有两点却是惊人地相似：一，她们都终身未嫁，把自己的一生都贡献给了中国的医疗事业；二，她们都健康长寿，俩人都活了88岁。

这似乎是巧合。但似乎又不是偶然的巧合。

我安静下来。闭眼想想，就直觉到她们的心灵深处，都有一种强大的爱与支撑在。

梁毅文曾经回忆过夏葛女医学堂的种种情形。她详细讲述了母校的立学宗旨、学生入校资格、学生来源、学杂费等。

她感慨：进入20年代，收费标准提高较大，每学期学费收达港币500元。由于收费高昂，非富有家庭的女儿，是无法入学攻读的。

核查当时广州物价状况，1928年，按当时政府规定，一个小学教师，一般月薪应为40元~182.5元。但由于战乱及政局不稳等原因，他们的实际年薪一般只有100元~150元，少数教师的年薪，才能达到160.25元。

如果现存资料确实，那么，进到夏葛女医学堂读书，每学年1000元港币的学费，就是一个普通小学教师年薪的六七倍。

相信优秀的西关小姐梁毅文，对当时社会严重的贫富悬殊，都了解得一清二楚，对生活在珠江上一贫如洗的穷苦疍家，是怀着深深同情的。

难能可贵的是，这个西关富家女，不像《圣经》批评的那些富人，"奉献比骆驼穿针还难"，不像那个年轻的财主，听到要把钱财奉献出来，就忧忧戚戚地走了。

梁毅文家境很富裕。但她把父母资助的钱都花在接受教育、出国进修上。再把毕生所学，倾注在医治病人上。

"文革"结束后，梁毅文得到了补发的工资，加上以前自己的存款，一共2.5万元

◎1924年，梁毅文(左七)毕业于夏葛女医学堂。此后60余年，她的大部分行医生涯都是在这里度过的

人民币，全都献给了医院。（当年，万元户绝对是富户，何况是2.5万元！）

医院用这2.5万元，设立了梁毅文医学基金。每年，它都用在获得科研显著成绩的医务人员身上，几十年来，它实实在在地鼓励着后辈，支持了他们取得成果。

梁毅文晚年，仍然如烛燃烧，她为后辈解惑，筹办广州市妇产科研究所、广州市重症孕产妇救治中心。几次率领医疗队到工厂、农村、山区巡回医疗。74岁高龄时，还参与抢救病人。80岁高龄时，仍带领学生做细胞学、内分泌学、优生学、围产期医学等学科的研究。一辈子，她没有停歇，她的一生，就像当年原广州市委书记许士杰，在祝贺梁毅文从医61年并83岁寿辰撰写的诗一样：

为群独处谋昭苏，六十年来沫以濡。

两度重洋两博士，一生爱国一大夫。

呕心沥血栽桃李，废寝忘食拯妇孺。

奉献丹心救济世，倾城钦佩老英模。

梁毅文全心奉献，一生丰盛饱满，于1991年3月10日病逝于广州。邓颖超从北京发来了唁电。为纪念她的贡献，广州市政府在广州市第二人民医院,为她建了一座三米高黑色花岗石为底座的汉白玉雕像。

现在,如果你去到西关,沿着荔枝湾找到西关民俗博物馆,体味了当年西关富商之家的生活之后,我强烈建议,你不妨多行几步,到广州市第二人民医院,去拜访一下当年的西关小姐梁毅文。

那座汉白玉雕塑的老年梁毅文,端庄、慈祥地对你微笑着。

你身边的患者川流不息。你周围的医护人员进进出出。

在这样的情境下,你知道,每天,每晚,不管节日假日,也不管有阳光还是有风雨,梁毅文都守候在那里。

如此,你的心绪会发生小小变化,你感觉得到,她注视着你,也在注视着医院那些晚辈们。你觉察到,心里有感动发生,那是舍己,一心一意的奉献,是那博大辽远的爱在弥漫,它了无声息,进入心田,令你心中很温暖;而她的圣洁、执着、坚毅、敬业,化成一种正能量输送给你,你好感激,你欢喜快乐,你在想,今天真好彩,有幸认识了这位优秀的西关小姐。

夕阳慢慢落下来,罩着新荔枝湾一片橙黄,应该回家了,但,你却再回头,有点舍不得。

◎ 立于广州第二人民医院门口的梁毅文汉白玉像

◎ 西关大屋满洲窗下,悬挂着"知识由积累而来,才能因勤奋而得"木刻,意味悠长

东山新河浦之美丽遗留

这里有政治风云，商界风雨，有许多教育、政治、实业救国的主张发声，它是集体故事，有沟通和谐，有争论执拗，它自成一种气场，这个地方就是东山新河浦。

◎ 东山新河浦，保留着许多民初独具沧桑之美的小洋楼。姜滨摄于2015年

那几年，我常常穿行于东山新河浦。

某日，我到了L C Art艺廊。它的总监是美国人克雷格·马特利，他在这里住了几年。他说，这一带太美丽有趣了，小河流过老建筑，人们在墙上种树，枝条摇摆，像威尼斯一样。

无独有偶。我一同事从法国回来，看见夕阳余晖撒满门前小河，非常动情，他大声感叹：咱新河浦，真的很像一袖珍版的塞纳河！

是的，这里小河轻轻流淌，夕阳西下，山陵间老洋房矗立着，像极了修过的艺术照。那充满异国情调的别墅洋房，幢幢加拿大式、英式、地中海式老建筑，油画般错落层叠在山冈上，一抹金色，撒在寺贝通津、恤孤院路、烟墩路苍劲的老榕树上，窸窸窣窣，叶片闪亮。

同事又感慨，说，新河浦与塞纳河的味道像极了。塞纳河街边，有许多古老建筑与人文遗留。而新河浦，有几所省级教育殿堂，有将军府，有中共三大会址旧址，还有许多没有整理出来的，许多好东西啊！

我再去访问老东山。东山街坊请我进到他们居住

的老洋房，喝茶数家珍。她们说，东山有教堂洋房，有孙科、宋美龄和宋庆龄，谭延闿，李汉魂，胡汉民，林森、白崇禧；有李大钊、陈独秀、毛泽东、杨开慧、廖仲恺、何香凝。它是20世纪风云人物集中居住活动的地方呵！

啊，这一群风云人物就足够吸引眼球了！20世纪20年代的精英，汇聚到山冈上，构成中国南方一个场景，上演的该是曲折恢宏的剧情！这里有政治风云，商界风雨，有许多教育、政治、实业救国的主张发声，它是集体故事，有沟通和谐，有争论执拗，它自成一种气场，一种人文与精神构建。

这种气质精神，百多年来，渐渐存留下来，就在东山新河浦，生生不息。它关乎百姓油盐柴米，但又超脱出百姓的寻常生活。瞅着那些精神抖擞的青年才俊，百多年前，广州人很具象化，给东山气质起一个名字，叫作"东山少爷"！

但，人们津津乐道的东山气质，又是如何聚集，如何形成的？百多年前，广州东城门外边一片荒郊荒野，是怎样变成街区花园洋房，又怎样具有了磁石一般吸引的力量呢？

遥远彼岸　民主共和

东山地名，现在还有驷马岗、马温水、马草街等。据此可见，早前这里是一片荒地，要不，就与"马"扯不上边。

果然，老东山说，还在1644年清顺治年间，平南王尚可喜率清军攻破广州，就将上万战马养在城内，战马嘶鸣，令城中百姓无法正常生活。于是，清政府下令厩圈统统移至东城外，东山，便变成了清军放马之地。

后来，就有农民在田野上耕种，慢慢建起了茅舍泥屋，形成了小小村庄，一条清澈小河，伴着马嘶狗吠，静静地沿着山冈脚底流淌，然后流向珠江。

再后来，广州商业资本迅速发展，城郊农耕状况开始被打破。

荔湾十三行，珠江黄埔港，许多洋商华商买办来来往往。大洋船上，住着水手及牧师，后来，有牧师从美国、从澳门来，开始上岸创办医院。这些洋人中，有伯驾、嘉约翰、富马利、夏葛等，他们在广州建医院，讲《圣经》，伴着长长的岁月，西医及基督教被他们带进广州，带到民间。

这个时期，美国基督教浸信会选定了东山，做传教立足地。他们在这片小河围绕的山冈上，将教会产业集中起来，从1906年起，开始在新河浦山冈最高处，建东山基督堂，恤孤院，两广浸信会医院，慕光瞽目院；同时，紧挨着教堂，又建起了神学院，两广浸信会办公楼，教会职员宿舍，培贤女子神学院及著名的培道女子中学等。

昔日的郊野放马岗，平地里拔起了一座座西式石头建筑。东山基督教堂明亮清脆的祈祷钟声，声声传进广州城。人们开始从低矮的房屋里走出来，走向教堂，去听"洋和尚"传讲福音。那些归国华侨，也循着悠长的钟声，找到这片土地，安放他们的信仰，开辟归国的落脚地。

如此，一条条马路规划好了，一片片荒地上，来自世界各国的归侨们，建起了一幢幢风格各异的，方便实用的，有自来水洗手间的洋房别墅。

归来的华侨多信仰基督教。他们之中，又有几位出色的建筑设计师。此时，美国人在东山建起了培道女子中学、培贤女子神学院。他们便商议，要自己出钱出力出设计，在东山建一所高质量的中学。

后来，他们建好了校园，1908年，那间由中国传教士廖德山创办的培正书院，从法政街，迁到了东山，更名为培正中学。

一百多年来，培正中学名人辈出。他们之中，有前全国人大常委会副委员长廖承志、前国务院副总理邹家华，有中科院院士何炳林、何国钟等，有获得诺贝尔物理奖的崔琦、获得数学菲尔兹奖的首位亚洲人士丘成桐，还有大音乐家冼星海、马思聪、

◎1909年始建的广州基督教东山堂。图为1923年修建的主堂及钟楼

何安东等 大批优秀人才。

一百多年后的某个夏天，一个暴雨如注的上午，一位六十多年前的培正中学学生，腰板挺直地带着我，在新河浦，看南京国民政府主席、第一任行政院院长谭延闿居住的简园，中共三大会址前面的逵园，位于山冈最高处、东山基督堂主堂，被日本军子弹打破又修补好的花岗石墙身等。

这些旧址矗立无言。精神矍铄的老培正人说，你看，当年国共精英及领袖都涌到这里来了。

还有，中国顶尖的商界领袖，许多归国华侨也涌到这里来了。

表面上，他们是冲着一个优雅高尚的社区而来。但实际上，最不为人知的秘密是，不仅仅这许多商界领袖归国华侨是基督徒，而且，那些国民党高官，六成以上都是基督徒。

为什么会这样？因为，孙中山是基督徒。当年，孙中山在香港公理会受洗，同盟会的骨干，像郑士良、陆皓东、邓荫南、陈少白等，孙中山的许多得力助手，都是基督徒。

不可否认的是，基督教在政治上主张民主共和，这切合了当时要推翻封建帝制的中国青年寻找真理的需要。

不仅如此，基督教强调人权，主张不论贫富，在上帝面前人人平等，并且，进入中国后，主张男女平

◎20世纪海外华侨归侨落脚东山的美丽遗留。图为老东山老照片

等，适合了时代需要与发展。

那位培正老人，那天就在哗哗的风雨中，向我道出了当年东山形成的真正秘密。

他还说，20世纪，在东方，在中国，有了第一个女牧师李添媛，有一段时间，她便在东山工作，传教。六七十年前，他还是一个小孩子，就受人之托，到东山神学院一间办公室，给李牧师送过一只蚌壳小汤匙。这件事情，给他留下很深的印象……

◎寺贝通津路上的老洋房，原为基督教东山神学院

最美简园与谭延闿

也许，东山有一精神纽带，它在年轻中国寻求救国强国之路时，无形之中，将大家联系在了一起。

但正像这里600多间老洋房呈现不同风格一样，百多年前的新河浦各洋房主人，从世界各地归国后，各怀政治主张，拯救中国的探索方向也是多元化的。

限于篇幅也受限于能力，我不能一一介绍前文列举的，曾经生活在这里的风云人物。他们每个人都是一台大戏，其丰富的人生，其身后壮阔的背景及发生在这里的故事，需要有大能量的作者去完成。

我选取了新河浦的简园，探身进去，简单看一看。因为，简园是新河浦最美老洋房。它的主人，是国民党著名的政治家、军事家与书法家谭延闿。在20世纪初政权频繁更替中，人们评价说，谭是纷乱时局中极稀少的"政坛不倒翁"，现在再看，他的经历仍然值得玩味，值得好好想一想。

简园位于培正路13号。20世纪20年代初，南洋烟草公司老板简氏兄弟建好它之后，不久变成谭延闿的公馆。东山老街坊说，在新河浦，要数简园最美。他们还记得，简园门口有一个大花园，花园里有一个欧式大喷泉与大喷水池，门口虽有警卫站岗，但允许孩童进去玩耍，因此，那里成了孩子们的美丽乐园。

老街坊还说，当年，孙科、宋美龄和宋庆龄曾在简园居住；也有资料称，1923年，中共"三大"期

◎东山老洋房前老树发新芽

◎ 图为培正路13号的简园，国民党元老谭延闿居所。当年，孙科、宋美龄、宋庆龄曾在此居住

间，毛泽东曾几次到简园拜访谭延闿，争取他支持国共合作。

那么，我们就去看看简园主人，曾任南京国民政府主席、第一任行政院院长的谭延闿，看看这位"政坛不倒翁"不倒之因由。

谭延闿，字组庵，湖南茶陵县人，生于1880年，卒于1930年。1904年中进士，28岁授翰林院编修。1923年2月，任孙中山大元帅府大本营内政部部长。1928年，任南京国民政府主席、第一任行政院院长。

谭延闿不是一般的寒门子弟，其父谭钟麟是清翰林，家境富裕，家学渊源深厚。谭延闿生活在一个朝代更替的年代，作为清代优秀知识分子，他入翰林，授编修，起初希望清廷能够改良自新。因此，他积极呼应"丁未新政"，并成为湖南立宪派首领，任省

"谘议局"议长。宣统年间，"保路"运动爆发，谭延闿在湖南呼应四川，但不久即失败。辛亥革命爆发时，他任湖南军政府参议院院长，兼民政部部长。1月底，他被谘议局推举为湖南都督。

在这里，要介绍一下什么是谘议局。

20世纪初，清政府内忧外患，不得不走改良之路，试行"宪政"挽救危机。这个"宪政"，模仿的是西方立宪制国家国会，1905年"新政"一推行，便在各省筹备设立谘议局。1909年，两广、湖南成立了谘议局，谭延闿，便在那时出任湖南谘议局议长。

西方的谘议局，通过议员参政议政，可弹劾官吏，审核政府收支，为地方兴利除弊，制衡地方政权，等等。中国的谘议局，尽管与清政府有千丝万缕的联系，但它成立的目的，是要改良专制统治，因此，它也须体现其"代议机关"的性质诉求。

其间，中国的精英们在这个机构里，的确认真地履行着职责：以广东谘议局为例，1909年至1911年，它召开了常年会议和临时会议各两次。此间，谘议局共提出议案147件，其中弹劾案37件，工商议案18件，教育议案9件，社会治安和狱治议案15件，其他68件。史载，这些议案，每一件都经过谘议局议员内部多次讨论甚至是激烈争吵，并经过一半以上票数通过才形成的。

应该看到，20世纪初，中国正处于十字路口，各界精英们从不同路口进入，尝试各种改变之法。就谘议局来说，它在形式上开启了近代议会民主的先声，客观上启迪了民风，培养了民主意识，其功不可没。

但因谘议局是清政府筹设的，它必先天不足。且，议案执行权在督抚手里，使得多数议案只是议议而已，事实上很少实施。

然而，不可忽视的是，谭延闿们在谘议局里接受了西方民主思想，那段经历，也就成为一个试验与先声。

在清政府官员任上，谭延闿目睹并参与了中国近代民主政治的艰难诞生，跟跄着曲折地向前走。做湖南立宪派首领失败后，他又经历了"保路"运动失败。经过多年失败摸索，摸索失败，谭延闿对清政府彻底绝望，之后，他追随孙中山参加辛亥革命，并出任湖南督军，民国元年（1912年）加入国民党。

民国时期，群雄纷起，时局动荡，但这时的谭延闿，从三次任湖南总督到担任南京国民政府主席，到出任第一任行政院院长，整个民国时期都一路顺风，名位鼎隆煊赫，因此，时人称他为"政坛不倒翁"。

翻看对谭延闿的评价，褒贬不一：褒者说，谭是"民国完一人"，是"休休有容，庸庸有度"的大政治家，是"党国柱石""药中甘草"；贬者称，谭"八面玲珑"，是一"水晶球"，是"伴食画诺的活冯道"。

向来，从个人性格、个人权力得失之角度，与从历史价值的角度来评价人物，结

◎ 东山老洋房地中海式建筑。立柱装饰为层层浪花

果恐怕是大不一样的。对谭延闿，也如此。

与陈三立、谭嗣同并称"湖湘三公子"的谭延闿，对"治国平天下"的政治目标，应有更透彻的了解。故，他常常避免无谓争斗，竭力去实现政治目标。而当他认定了那个政治目标，他就绝对不是"水晶球"了。1922年，陈炯明叛变，谭延闿就跟定了孙中山，不再坚持湖南自治。他逢人就讲：革命领袖非孙公莫属，并且把变卖田地所得款项，拿出5万光洋给孙中山作军饷。

在政治上，谭延闿是难得的高人；在教育方面，谭延闿曾在湖南大办教育有经验，孙中山办黄埔军校，开始也让谭延闿去操持。但谭延闿考虑到普通学校与军校有区别，就把校长之位让给了蒋介石。

在书法界，谭延闿的书法名满天下。谭少年临池时，翁同龢看到这少年的笔力喜爱有加，就对谭延闿的老爸谭钟麟说："三令郎伟器也，笔力殆可扛鼎。"后来，谭延闿果然擅长书法印证了此言，谭成为民国四大书法家之一，被公认为民国颜体第一人。

中共"三大"会址　毛泽东

说了谭延闿，我们回头来看看简园附近老洋房里发生的故事。

1923年，谭延闿住在新河浦简园里，此后，毛泽东多次到简园拜见这位湖南老乡。再之后，又有孙科、宋美龄和宋庆龄，来到简园居住。

与简园隔条小马路，在新河浦恤孤院路9号，有一座古色古香的三层洋房"逵园"，其正门阳台顶楼立面上，很显眼地，有灰塑堆出"1922"的字样。

那天，那位培正老人，给我讲述关于"三大"会址的民间版本。

官方资料说，1923年4月，中共中央从上海迁到广州，新河浦路24号春园，成了中央机关的主要办公场所。中共"三大"期间，陈独秀、蔡和森、李大钊、毛泽东、罗章龙、瞿秋白、张太雷、向警予等部分代表，共产国际代表马林，都在春园居住，后来，又有苏联政府驻广州代表鲍罗廷、苏联政府驻广州军事顾问团总顾问加伦，也在此住下来。孙中山和廖仲恺，也到此拜访过苏联友人。

"三大"会议，在一幢两层砖木结构金字塔瓦顶的普通民房举行，会上，陈独秀被推举为委员长，毛泽东为中央局秘书，罗章龙任会计。中央局相当于后来的政治局，由陈独秀、毛泽东、罗章龙、蔡和森、谭平山5人组成。

1938年，日军飞机轰炸东山，开"三大"会议的民房被炸毁，山冈上的基督教东山堂等坚固建筑物，也被炸出许多洞洞。

中华人民共和国成立后，人们为了寻找"三大"旧址，"1922"字样成了重要线索。因为，当年的一位"三大"代表说，他记得开会散步时，民房对面有一座洋房，其上，就写着"1922"的数字。

培正老人说，其实，召开"三大"的那座民房，是在"逵园"后面，因为当时那里已建成一片很好的宿舍，不便拆掉，所以，现在的"三大"会址，就建在了"逵园"前面的空地上。

当然，旧址在前在后并不重要，重要的是，中共"三大"制定了《中国共产党中央执行委员会组织法》，其中，明确了"执行委员会之一切会议，须由委员长与秘书召集之"。也就是说，中央局的核心是委员长和秘书。这就意味着毛泽东第一次进入了中共的领导核心，这时他正好30岁。

更有意义的是，"三大"的中心议题是讨论国共合作问题。经讨论，大会接受了共产国际关于国共合作的决议，决定全体共产党员以个人名义加入国民党，以党内合作的形式实现第一次国共合作。

"三大"之后，中央机关暂留广州。

在此期间，毛泽东就几次去到湘军首领、时任中华民国军政府陆海军大元帅府大本营内政部部长、湖南省省长兼湘军总司令的谭延闿居住的简园，去拜访这位老乡。

◎建于逵园对面的中共"三大"会址纪念馆。摄于2011年

一则,是想通过他加强对国民党的了解和联系;二则,此时孙中山和谭延闿正为讨伐赵恒惕做准备。

毛泽东与谭延闿频频接触,也是为中共湘区执行委员会采取联谭倒赵的决策创造条件。

后来的这段历史众所周知,是以国共合作失败宣告结束;再后来,简园做了德国领事馆,逵园、春园做了民居;现在,20世纪七八十年代被破坏的简园,让人体味到一份沧桑之美;而逵园现在变身成艺术馆,春园则还在修缮中。

四大名园　西曲中词

老东山习惯说,新河浦有四大名园。但究竟哪四园为名园,似乎却没有人认真地去排列过。

简园当然居四大名园之首。但其他名园是哪几间呢?

按照街坊公认的,我把明园、隅园、慎园、彩园简介一下。

明园,位于培正路14号,由两座三层高的红砖楼房组成。它的中间入口,是一罗马柱式门廊;楼房窗户,均为铁制花窗,楼顶,则建有天台。明园建成之时,它周围没有楼房遮挡,而多有成荫绿树,人们看到幽静环境中矗立一洋房,便称它为"洋房别墅"。明园的主人是一批华侨,他们入住后,又栽种了一片竹林,日军侵略时,他们便在竹林里挖了防空洞,一直通到培正路。

隅园,位于寺贝通津路42号,它在整体上采用英伦风格,但在装饰上融入了本地特色,当时被人们赞为"西曲中词"。

隅园的主人、设计者是伍景英。这位晚清时被派往英美学习制造舰船的留学生,1920年回国,1925年,在国共合作成立的海军局任海军造船总监。此间,他设计了广东舰队的"坚如""执信""仲元""仲恺"四艘巡舰。抗日战争中,他参与设计了虎门水域布水雷，阻止日军在虎门的登陆计划。新中国成立后，又担任中国人民解放军海军南海舰队修道部总工程师，高级技术顾问。伍景英以他掌握的先进技术，一生践行了救国强国的人生理想。

慎园紧挨着简园，是一幢两层半高欧美风格的别墅，也特吸人眼球。它由上海华成烟草公司两广和西南地区总代理华侨曹冠英建成，半个多世纪后，今天它仍然保持得非常完整。它的外墙淡黄，瓦顶朱红，强烈的色彩对比加简洁的几何造型，使建筑从各个角度看都甚是美丽。别墅内，使用了柚木框门窗、"菠萝纹"玻璃窗、拼花地砖、石膏天花，这些顶级的建筑材料质量很好，至今天，竟然不见丝毫残损。

◎1936年，华侨曹冠英修建的美丽慎园。摄于2011年

曹冠英是新河浦比较典型的商界精英。他一生致力于发展民族工商业，1931年，他在上海滩最早刊登抗日宣传广告。1938年，日军封锁新河浦，他远赴越南，在河内、海防发展。之后，他回国投资广东省华侨投资公司，捐资兴办建联中学（今广州市第九十七中学）。之后，历任全国政协委员，全国工商联执委，广东省、广州市工商联副主席等。

彩园，旧址在烟墩新街，为台山人所建。老东山说，彩园当时在新河浦一带具有规模，甚是美丽。只可惜"文革"时期也遭破坏，如今已不复存在。彩园主人后裔现居美国，其家族颇有势力。有意思的是，他们也是《让子弹飞》的拍摄地、台山著名景点汀江墟部分建筑的拥有者。

写完了四园，我仍然感到没有说完新河浦。它有太多故事与沧桑，更有深厚的文化氛围与今天明亮多元的年轻一代的聚集。我把这些内容放在本章第四篇，以延续，飨读者。

◎ 经修缮后的基督教东山堂夜景

东山底蕴 文明绵长

培道、培正,今天已跨越了三个世纪。它培育了无数优秀学子,造就了一批批经世致用之才。

◎ 东山名园之一，建于1922年的逵园。摄于2012年

2012年，春寒料峭，新河浦老洋房墙下在一夜之间，金黄落叶便堆成小丘了。与北方秋天渐渐落叶不同，广州东山弯曲小街小河边，树木窸窣，一夜间便抖落老叶，眨眼间便将新芽顶出来，嫩绿蒙蒙地，说，广州的春天来临了。

那时节，一个拎着菜篮的老太太，斯斯文文地走过一片金色，于落叶中，腰板笔直，人苗条轻盈如芭蕾舞演员。老美克雷格·马特利眯着眼睛看这一切，就说，这里的人和景，太美丽有趣了。小河流过老建筑，街坊又在整修老洋房，这里的一切不人为刻意，它像纽约的SOHO，艺术元素无处不在，老建筑与雕塑，诗意怀旧很有历史感。

而"逵园艺术馆"的年轻海归则说，他们庆幸自己找对了地头，因为这个区域文化底蕴和历史沉淀深厚，名校集中，名人遗址密集。同时，这里又很有生活味，那深沉厚实的文化氛围，就是透过点点滴滴的生活细节与人情，交织展现的。

百年名校　培道培正

培正中学与培道女子中学（现名广州市第七中学）红墙外，几树红花探身出来，阳光闪耀下，安静典雅如美丽油画。

每天在学校前面走过，到逵园艺术馆上班的几位年轻海归，用几年的时间，体会到东山的精神特质，他们感慨地说："这里是一个让人心能够安静下来的地方"，是"隔绝了摩登世界的情欲沉沦、灵魂喧嚣，一个隐藏于生活社区中的'东方左岸'"。

培道女中

百多年前，这里还是田野阡陌与山冈。史料记载，"1888年，美国南方浸信会女传道会第一届联会，认为中国妇女绝少入学机会，也无途径认识基督，遂派容懿美女士来广州，于五仙门创设培道学校，于当年三月三日开始上课，初设妇孺班，入学者仅五六人。"

"1889年，培道又增设妇女班及盲女班，入学者达七十余人。容懿美女士回美，由纪好弼夫人接任校长，并在培道学校服务达三十五年之久。当年聘冼秀灵女士为第一任华人教员。课程以四书五经及《圣经》为主，课余教以麻布抽纱、刺绣及编织等工艺。"

"1906年，因学校人数增加，校舍不敷，于是，在东山牧鹅塘及附近买地，建校舍两座，可容学生二百余人。"

"1907年，东山新校舍落成并迁入上课。"

……

这些文字，貌似干巴记录培道女中的创立史。

但是，它干巴冷静记述之背后场景，却丰富生动广阔，近代史上，这段章节，是不能屏蔽，也不能省略的。

读者诸君已经知道，清政府1684年开海禁，外国商船开始出入黄埔港；1757年，清政府关闭中国其他关口，广州黄埔港一口通商。这些商船上，牧师神父随行。他们来到广州，陆续上岸，又用"以学辅教"的办法，传播西学、传播"西教"。

◎1888年，美国南方浸信会女传道会第一届联会委派容懿美在广州五仙门创办培道女中

◎培道女中第一任校长纪好弼

◎20世纪初，东山阡陌上，培道、培正开始建校了

从1684年至1900年，传教士们经历了漫长曲折的传播西学、"西教"之路。在中国教育史上，这一时期传统教育与西方教育理念碰撞，史家评说这段时期的情形是："中国教育近代化历程步履维艰。"

著名传教士李提摩太在中国亲历了晚清中的45年。以他的活动为例，可以看到传教士们执着地推动"以学辅教"的情况。

书载：

1887年，李提摩太曾向李鸿章建议进行教育改革，为此，清朝每年要在教育上投入100万两白银。对李提摩太的建议，李鸿章的答复是，中国政府承担不了这么大一笔开销。

李提摩太说：那是"种子钱"，将来必有百倍的收益。

李鸿章问：什么时候能见成效？

李提摩太回答：需要二十年才能看到实施现代教育所带来的好处。

李鸿章说：我们等不了那么长的时间。

书又载：

1889年，近代改革家王照对康有为说：我看只有尽力多立学堂，渐渐扩充，风气改变，才能实行一切新政。

康说，列强瓜分就在眼前，你这条道如何来得及？

书还载：

1905年，严复与孙中山在伦敦会面，严复认为，中国的根本问题在于教育，革命非当务之急。他说："中国民品之劣，民智之卑，即有改革，害之除于甲，将见于乙，泯于丙者将发之于丁。为今之计，惟急从教育上着手，庶几逐渐更新乎！"

孙中山反驳说："俟河之清，人寿几何？君为思想家，鄙人乃实行家也。"

后两段对话，补充展现了彼时教育的状况。在思想家与革命家眼中，教育在全盘棋中位置的状况。

也许是无暇顾及，也许是目标分歧，这几段对话，放在更长的历史长河中，在今天来看，更显意味深长。

回头再来看史实，另边厢，来到中国的基督教传教士们，纷纷创办学校了。1900年左右，中国涌现了一批有名的教会大学和中学：

大学有苏州东吴大学，杭州之江大学，成都华西大学，南京金陵大学，北京燕京大学，济南齐鲁大学，广州岭南大学，等等。

中学有北京崇实中学、汇文中学、圣芳经书院、中西书院、贝满女中，广州真光女学，天津中西书院，上海圣约翰大学附属中学，广州岭南大学附属中学，福州华南女子大学附属中学，等等。

这些教会创办的大学、中学，培养了一大批优秀人才，在中国教育史上，写下扎扎实实的一页。更为中国走进现代社会，奠定了坚实的基础。

就是在这样的历史大潮中，培道女子中学建立起来了。

也是在这样的历史大潮中，培正中学，由中国基督徒出钱出力，也于1889年开始筹建了。

从此，在广州东山新河浦，培道、培正两所中学，经历了战乱、搬迁、合并，甚至遭遇了严重的财政危机，险经倒闭之难。但终于，这两所百年名校，都因学校师生的共同努力，走上轨道并发展扩大了。

校训：凝练的骨力与精神

"爱诚贞毅"与"至善至正"，分别是培道女中与培正中学的校训。

校训是一个学校的灵魂，也体现学校的教育理念，它高度凝缩人文精神，对于百年名校来说，更是厚实地积淀了学校的历史和文化。

让我们先来看培道女中这百年名校的校训，让我们用校训这一把钥匙，打开那历史文化之门，眺望当年那些年轻姑娘的精神家园。

"爱诚贞毅",这是培道女中的校训。

当年,美国南方浸信会女传道会容懿美女士,纪好弼校长,在培道女中带领员工,总结提炼了校训。她们为培道女生提出培养目标:要心怀爱,要诚实,要有贞德,要坚毅,在校或是离校后,都要以"爱诚贞毅"为人生目标。

当年,进入培道女中的姑娘们,唱着校歌,渐渐长大:

> 培道同学兮,爱诚贞毅。
> 四德俱备兮,无往而畏。
> 当兹社会兮,釜鸣而螗沸。
> 毋惶毋惑兮,毋悲毋歔欷。
> 培道同学兮,记取爱诚贞毅。

"当兹社会兮,釜鸣而螗沸。"这歌词,描绘了

◎ 建成于1907年的培道女中东山新校舍,现名广州市第七中学

◎1906年，培道女子中学全体师生在东山新校舍工地上合影

彼时的社会环境，多种思潮涌动影响人们行为的情景。

在培道校园里，教师们讲基督大爱，要求学生弃绝社会流行的冷漠，自私，个人至上；讲基督信实，要求学生诚实守信，弃绝社会盛行的欺骗，诡诈；又讲基督训诫，要培道女儿不做害羞之事，不做苟合污秽之事；再讲基督刚毅，要培道女儿坚守正道，百折不挠，按照《圣经》要求和中国传统美德，毋惶毋惑，毋悲毋欷歔，在釜鸣而蝘沸的环境里，做有知识、有文化、有信仰、有爱心，诚信贞洁的人。

培道女中的校训，作为一个标尺，激励劝勉在校的教师学生们，成为共同遵守的基本行为准则与道德规范。对于这些曾奶奶级或奶奶级的中国女学生，我们今天较难想象她们当年的模样，但在旧照片里，在1970年的香港培道女中照片上，我们仍能窥见，那是一群穿着白色旗袍校服，气质高雅，清丽脱俗，青春可爱的女孩子。进而可以想象，当年，下课铃响，这样一群女孩子，走出校园，走在东山寺贝通津小路上，该是怎样的美丽风景，又是怎样成为东山新河浦文化一部分的。

时代风华

说了培道，让我们再来看培正中学的校训："至善至正"。

"至善至正"，取自《圣经》："我所命尔之言，当听而守之，致行尔神耶和华所视为善为正者，而享福祉，爱及子孙，历世靡暨。"（你要谨守听从我所吩咐的一切话，行耶和华你神眼中看为善，看为正的事，这样，你和你的子孙就可以永远幸福。《申命记》12章28节），以及："耶和华乃善乃正，故以道示罪人兮。"（耶和华是良善正直的，所以他必指示罪人走正路。《诗篇》25篇8节）

与培道校训有别，培正的校训还具有中西文化合璧的意味：香港培正何世明故校长（牧师）曾称，培正有别于其他广州基督教学校，它由浸信会华人信徒和传道者结合创办，而不是由外籍传教士创办。所以，培正的校训，除基督教训外，还有浓厚的儒家思想，像《大学》句"止于至善"就是了。

至于"至"字，广州培正解释，"至"在校训中，一是，有"最和极"的意思，最正与最善之事是培正人追求的目标。二是，可作"达到或追求"之解，只要是培正人，都要终生追求"善与正"，永不懈怠。

我曾问一位老培正人，如何理解他们的校训？他说，至善者，是最完美，最高质量，不半途而废；至正者，在校歌里有"正轨道兮树风声"句，是指道德上的完美，人生在正轨上行。老人家骄傲地告诉我："以我级五三届而言，五百余同学，大多为早年高级职称。即便是在平凡岗位（这平凡岗位皆因历史背景，或个人出身使然），仍业绩不凡。用同学们的话说，那是'无愧人生'。"

老培正人特别意味深长地提示："我们同学中，县、处级以上干部不乏人，且至今未见一个因犯罪而入狱受刑的，据同学会称，培正的前后届亦然。当然，不是没有人入过狱，我们本届更有人甚至差点被执行死刑，然而那是冤假错案而已。"能

○ 培正中学，于1889年由中国基督教徒出钱出力创办

○ 培道女中临街老建筑新中国成立后塑五星，记录一段新历史

◎培正中学古朴典雅的图书馆

坚持正确的思想和信仰，而至死不改，不悔，也是培正同学将校训铭记在心的最好说明！

说到培正中学，一女友告诉我，当年，她们大学校园，就暂设在培正中学里。那时，培正校园环境幽静而优美，在那些古朴典雅的校舍间，绿茵满地，绿树披拂，校园有一种无可言说的氛围，那就是，真的是读书的好地方！

《大学》开头说：大学之道，在明明德，在亲民，在止于至善。后人注解说："皆当至于至善之地而不迁，盖必其有以尽夫天理之极，而无一毫人欲之私也。"老培正人对我说，虽然达到"至善"太理想化，但它终究是个目标，值得人终生去追寻。

培道、培正，今天已跨越了三个世纪。它培育了无数优秀学子，造就了一批批经世致用之才，为今天中国的强大崛起，输送了灿若星河的知名人士。

我不再去列举他们的英名、芳名。

因为，名校文化已浸润滋养了这片山冈，我们只要走进新河浦，就可以感受到它们流溢的芳华。甚至，走到菜市场，你也可以看到那些穿着整齐，言谈举止斯斯文文的老人家，还有，那像芭蕾演员般轻盈优雅，拎着菜篮的老太太。

"种"，艺术文化在邻家

我相信，这一带的场景，是传承，是文化，是底蕴。

这也是我在广州别处见不到的，实在的美丽。这样一种非常文明鲜活的人类状态，常常触动我，感动我。

现在，这种状态，也可以在新河浦的居民区老洋房里，在那些借老洋房开张的展览馆、画室、青年旅舍、私房菜、艺术照相馆里，找到踪迹。

限于篇幅，仅仅说说"逵园艺术馆"。

逵园艺术馆由四个年轻海归合办，首展定名为"种"。他们主推的，是当代艺术，策划展览的，多是年轻画家的作品，反映的重点，是当代社会的大众生活。"种"也是"众"，它寓意着，从首展开始，他们将用心把艺术种进逵园，种进街区，种进大众的生活里。

2012年，当我忽然发现"找不到屋主，不能参观"的逵园二楼，坐着喝咖啡的年轻人，心念就动了，新河浦文化传承，应该后继有人了！

果然，那天我采访海归小黄时，这位靓仔请我坐在凉台上，他说："1922年，一帮年轻人为改变中国命运，聚在这里。90年后，也是一帮年轻人，为推动新艺术，也进入了逵园。"

他笑着，手拍藤椅说："想想就觉得很好玩。没准，陈独秀也爱坐这里！"

他说："冥冥之中，好像有一种定数。年轻人都想为理想做事！我们留学回来，就想，青年艺术在此应该有个飞跃。我们把艺术馆选在居民区，是觉得艺术本身就在生活里。艺术离你不远，就像人

◎逵园标志。逵园艺术馆供图

◎逵园凉台。1922—2012年，无数年轻人在此萌发梦想并行动

们要买菜一样，它是生活的一部分，也是提升文明生活品质的一部分。"

小黄说："这里的居民区很特别。这里有培正中学、第七中学（原培道女中）的家长与学生，有将军府，少年宫，有喜欢当代画家的80后、90后，还有去教堂做礼拜的人们"。我们建起艺术馆后，他们经常来转悠，看中了画，就买回家。"

现在，逵园艺术馆已办了五年。与多数广州人一样，小黄他们沉稳务实，在这里静静地举办艺术展，同时，也在这里汲取着营养，静静地成长。

我很开心，庆幸自己在新河浦这块拥有美丽遗产的街区，工作了七八年。

也很庆幸，新河浦的美丽遗产得以保存，并得以传承。年轻一代在这里聚集，在这里安静下来，他们隔绝了摩登世界的情欲沉沦、灵魂喧嚣，他们在此地，在那特别的文化文明气氛中，节节生长，吐故纳新。

时代风华

锦纶会馆：丝绸诗意飞扬

置身于古老的空间中,那近300年的广州丝织业兴衰史如画舒展,它静静地铺陈在面前,可握可触,真切温软。

◎民初广州街面上各色招帜悬挂，店铺密集

在写了若干篇广州近代史事人物之后，有一天，忽然心问，明清时节，抑或清末民初，广州街面是何模样？店铺都在售卖什么货品？进出这些店的，又是什么样的客人？

去查资料，渐渐就把它勾连成一幅图画：北京路两边厢，一排排瓦房延伸，招帜飘扬。尔后，西关、东山建起大屋洋房，渐渐连成了骑楼。骑楼底下，是一间间店铺，它们紧挨着，有卖盐的，有卖米的，还有糖铺、烟铺、陶瓷铺、丝绸棉布铺。不远处，当然有饭铺、钱庄、典当行，这些店铺，热热闹闹，大多关乎市民最需要最日常的生活。

随意打开电脑，一瞅，就有点傻眼了：没曾想，百多年前，广州的商业、手工业、工业已相当发达，1907年的一份调查说明，广州的七十二个行当，行业已非常细分了：

这份调查列举：广州有，1. 银行（相当于外省的钱庄），2. 金行，3. 当行，4. 土丝行，5. 出口车丝行，6. 土茶行，7. 熟膏行（鸦片烟膏），8. 生土行（未煮之鸦片），9. 柴行，10. 米行，11. 油行，12. 酱料杂货行，13. 酒行，14. 海味行，15. 咸鱼行，16. 猪肉行，17. 鲜鱼行，18. 鸡鸭行，19. 菜栏行（蔬菜批发），20. 高楼行（酒楼），21. 饼行，22. 布行，23. 匹头行（经营绫罗绸缎），24. 染料行，25. 鞋行，26. 帽行，27. 顾绣行（经营五彩金线织造之衣服、屏障等），28. 新衣行，29. 故衣行（经营旧衣服），30. 戏服行，31. 玉器行。

广州还有：32. 烟丝行，33. 熟药材行，34. 蜡丸行（中成药），35. 参茸行，36. 豆腐行，37. 铜铁行，38. 缸瓦行，39. 砖瓦行，40. 泥水行（建筑），41. 杉行，42. 杂木行（经营杉木以外的一般木材），43. 竹器行，44. 搭棚行，45. 石行，46. 铁梨行（经营铁梨木），47. 车花行（雕刻木器），48. 油漆行。

还有：49. 牌匾行，50. 仪仗行，51. 洋灯行，52. 香行，53. 山货行，54. 颜料行，55. 锡器行，56. 檀香行，57. 长生行（经营棺木），58. 茶箱行，59. 鲜果行，60. 洋货行，61. 席行，62. 戏班行，63. 宫粉行（化妆品），64. 绒线行，65. 刨花行（妇女的一种化妆品），66. 金线行（绣花用），67. 金箔行，68. 象牙行，69. 烧料行（经营琉璃器具），70. 花纱行，71. 纸料行，72. 机房锦纶行（丝织手工业）。

瞅着这七十二行，我有点眼花花，但确实，透过这些名字，我望见了黑压压昔日街铺，看见了那时繁盛的广州城里，人声鼎沸、生机勃勃，男男女女，有血有肉地交易、生产，进行商业活动。

从电脑进入那些图景中，人仿佛回到童年，回到乡下集镇，那是一种回望生命的愉快感觉。很大程度上，它是亲切的领悟，是晓得事情本原后的满足……

行会林立　锦纶得存

发黄的资料告诉我，广州清末时，各行各业因发达而成立了行会。彼时，社会已形成了"商各有行，行各有规；自为保护，自为推拓"之格局。

那时，业界"无商律而有行规，乃粤省各商业之团体，即联结于此行规之内"。

且，城中"各行皆置立会馆，议定行规，公举行老董理其事。一行之中，凡货式之大小、工资之多寡，均有定章，同行各人共相遵守，不容混淆。有违例者，无论东家西家，行众定必鸣鼓而攻，不遗余力"。

好个"行众定必鸣鼓而攻，不遗余力"！商品经济长大之初，广州人就懂得了须维持市场秩序。对违例者，各行会坚定执行行规，行众鸣鼓而攻，那违例者便羞惭，认错，悔改；对拒不认错者，行众不仅侧目而视，且，对不起，那位违例者会受到处罚，关门滚蛋。

但无奈且可惜的是，那些行会及会馆，大多随着战乱、变革湮灭了。广州早前，据说还有钟表会馆、梨园会馆等有迹可循（现已经被拆毁）；现在，据说仍留有遗迹的，还有粤剧会馆八和会馆，将一块牌匾与两扇门，留在恩宁路；还有另一座银行会馆，建筑虽然完好，但因种种原因没有修复，藏在珠玑路某小学里。

目前，有幸保存了下来，且市民可进去参观的，广州恐怕仅有锦纶会馆（广州丝织行业博物馆）一处了。

那天，我走进那座有镬耳山墙，青砖石脚，陶塑花脊上驮着鳌鱼宝珠的院落。

感觉自己与闹市一下隔离开来。

置身于古老的空间中，那近300年的广州丝织业兴衰史如画舒展，它静静地铺陈在面前，可握可触，真切温软。

院子里，置放着二十几块石碑，它从清至民国，言之凿凿，述说着中国近代资本主义是如何萌芽，广州丝织行会是如何运作的。最后一块石碑《重建会馆碑记》立于民国十三年（1924年），为廖仲恺所题。

曾经，民国政府想把这座古老的院子收为公产，孙

◎ 始建于清雍正元年（1723年）的锦纶会馆

◎锦纶会馆内景

◎创办于1922年的广州市立女子缝刺学习所。后更名为广州市立第一职业学校。图为学生在练习刺绣

中山知道后,立即指示,须保留此馆,"永远不得别立名目"。孙中山的指示刻在碑记上,保护了这座三百年建筑,从此,"锦纶会馆"四个字,便经历了时代风雨,镌刻于门匾高悬在大门上。

孙中山保护会馆之谜

孙中山为何要写下"永远不得别立名目"的指示?锦纶会馆,对中国,对广东经济有何贡献?是哪些人物,在会馆面临挪用之灾的关键时刻,找到了孙中山,拿到了救命的尚方宝剑?

觉得其中有故事,我便沿着历史寻找。

从嵌于会馆西廊的嘉庆二年(1797年)《重修碑记》中,我们看到,锦纶会馆始建于清雍正元年(1723年)。

那时,广州丝行的老板们,每到年初就在会馆聚集。他们坐在一起喝茶,商定了丝绸价格及规格,然后通过广州十三行,把丝织品送到海上丝绸之路,销到南洋、西欧及北美。

馆中资料显示,中国唐代,广州丝绸就已佳名远播，珠江江面上，停泊着大量漂洋过海的外船。外商到广州采买工艺精细的"广东锦"，采买陶瓷茶叶，沿着渐次开启的海上丝路，把好东西运到自己国家去。

海外需求的扩大，促使珠三角大量种植桑蚕，桑叶变三收、四收为五收；北宋末年，大批中原士民为躲避战乱来到岭南，带来了先进的农业生产技术，促使广州的桑蚕养殖业急急扩大。到了明代清代，更大的商机，令广州附近的桑蚕种植已变成七收、八收。农民建起了桑基鱼塘。嘉靖、万历年间，广州府"废稻树桑"，农业已变成以桑蚕养殖为首位了。

我很惊讶，不晓得广州的丝织业在中国经济中竟占了这么重要的地位：粤海关档案显示，道光十年（1830年），广东产丝多多，光生丝就出口3680担，占到了广州海关出口量的一半以上。1878年，在出口货物中，丝及丝制品，占到总值1500万海关两中的850万海关两。

与广州丝织业的繁盛匹配，广州丝织业也细分成了十八行。从明中叶起，广州丝织业就有了丝缎行、什色缎行、元青缎行、花局缎行、纻缎行、绸绫行、帽绫行、栏杆行、机纱行、斗纱行等，至19世纪中叶，广州府里，纺织工场已逾2500家。

◎锦纶会馆一角。右墙根下放置着传说中的"支机石"

与今天不同的是，彼时绣花织工多是男人。由于广州丝织业非常繁盛，行业发达需要管理，对外贸易又有诸多事情需要一致应对，清雍正元年（1723年），广州诸商家便商量建立锦纶会馆。馆内石碑记载，仅当时主会的捐资人就达1338个，他们捐黄金173两，从这两个数字，也可一窥当时广州丝织业的兴盛。

锦纶行的力量

占了出口半壁江山、生意兴隆的广州丝织业背后，"行会"一定起到了重要作用。

史料记载：1895年8月，广州驻军卓勇，拘捕了三名机工，锦纶行具禀要求南海县、广州府释放被捕者。然而，锦纶行的要求被拒。

锦纶行便向督抚上控，有数以千计的行众，打着"十一行""十八行""织缎行""织纱行""本地行""洋装行"等字样的灯笼，在西关游行请愿。游行队伍经过卓勇驻地，卓勇吓得不敢出营。

无疑，锦纶行有威信，有能力，统一组织了下属各支行业行会到西关游行请愿。

锦纶行，不仅仅是扮演生产交易协调者的角色，还是本行业必要的集体行动的组织者。

最令人们称道的，是在三元里抗英中，锦纶会馆做出的贡献不容小视。当年，它联合组织了十一行、十八行、织缎行、织纱行、本地行、洋装行等丝织工人参加抗英，还为行动提供了资金帮助。《三元里人民抗英斗争史料》记载："锦纶堂出钱，机房仔和打石工人出力，因为锦纶堂的财力甚为雄厚，又肯出钱。"

锦纶会馆为什么要出钱出力积极参加抗英斗争？

让我们回头看历史：清道光二十二年（1842年），英法等国迫使清政府签订了不平等的《南京条约》，将纺织品进口关税降至5.56%～6.95%，洋纱洋布大量涌入广州，令广州丝织业受到致命打击，手工纺织基本被淘汰，造成了大量工人失业，一时没得饭吃。

没得饭吃的广州丝织工人，当然要团结起来，加入奋起反英的队伍中。

而广州丝织行会——锦纶会馆，当然要支持自己的工人反对洋纱洋布冲击广州市场，须知，锦纶会馆存在的理由是广州丝织市场，如果市场不存，行会则"毛将焉附"？

廖仲恺：发展广东桑蚕业

透过《三元里人民抗英斗争史料》，我们知道了，这锦纶堂很有钱，它"财力甚为雄厚，又肯出钱"，是不是出于政府经费的考虑，孙中山要保护锦纶堂？

在锦纶会馆展出的图文里，我们还知道了，民国初期廖仲恺任广东省省长时，曾大力支持广东发展丝织业。

第一次世界大战爆发后，国际市场对中国生丝需求量急剧上升，从1915年的每担600港元，一路上涨至1922年的2400港元。广州的生丝出口，也从1911年的34,600担，增加到1922年的63,500担，占全国生丝出口的45.67%。

很显然，廖仲恺看到了国际生丝市场的巨大需求，看到了一路上涨的生丝出口价格，便斟酌要让广州市场大发展。

他考量了市场，又看到岭南农科大学蚕丝科主任、美籍教授、博士考活的《南中国蚕丝业调查报告书》一文，获得了专家有力的论证支持后，廖仲恺做出发展广东蚕丝业的决策。

廖省长委任考活，兼任广东改良蚕丝局局长。且，民国政府先后在岭南大学、广东大学、中山大学以及广东省立仲恺高级农业技术学校开设桑蚕科，推动广州丝织业的发展。

众所周知，廖仲恺不仅革命出色，其财政管理、经济管理才能也很卓越。时文记载，他多次在广东力挽狂澜，筹措钱财支持革命，人们赞他是"孙中山的钱袋子"。

在廖仲恺的经济布局中，很显然，发展桑蚕业，让广州丝织业成为支柱产业，是支撑国民经济，支援孙中山实现革命政府运作的重要一棋。

张弼士：怪杰赢人心

可以想象，广东在廖仲恺主政时期，广州丝织业对国民政府是何等重要。

与此同时，我还注意到，在锦纶会馆里，还有图文简要介绍了几间现代工厂，几位商界人物如下：

清同治十年（1871年），中国首家现代机器纺纱

◎ 廖仲恺省长曾兼任广东改良蚕丝局局长

◎ 当年的锦纶行有威信，有财力，有力量

时代风华　157

厂——厚益纱厂在沙面建成投产。

1872年，广东华侨陈启沅在广州府南海县简村创办继昌隆缫丝厂，开启了中国机器缫丝之端。

1906年，陈望曾在广州西村广雅书院内设蚕业学堂。后来又发行《蚕学月报》。

1909年，中国著名华侨领袖张弼士在广州西关彩虹桥创办了广州亚通织造公司，生产机械、布匹。1911年广州亚通机器织布厂建成投产后，拥有日本丰田电动织布机100台，成为广东首间使用现代机器织布的企业。1912年，广州纺织业总产值达到了215.86万银圆，居全国之首。

这些人物事件，在会馆的图文中，每件只有寥寥数语介绍。但实际上，在它们背后，却有着中国手工业丝织业被淘汰，被迫走向现代化的痛苦过程与无数故事。

在这里，我们避开那些痛苦故事，只简单说说张弼士与孙中山。

在中国近代史现代史上，有位大名鼎鼎的广东人张弼士。

早年，张弼士因家乡受灾到了南洋，后来，他白手起家成为南洋首富。30多年时间，他建立了一个庞大的商业帝国：他筹建了远洋航运，投资数百万元在广东创办了广东开建金矿公司、广州亚通织造公司、惠州福兴玻璃厂、佛山裕益机制砂砖公司、海丰平海福裕盐业公司和雷州机械火犁垦牧公司，身家高达8000万两白银，和彼时清朝国库的年收入相当。

早年，张弼士将经商所得"取之于社会，应用于社会"，为广东海防筹捐巨款。进入晚年，中国发生辛亥革命，张鼓励儿子张秩君加入同盟会，又指示其南洋企业，通过胡汉民暗助孙中山30万两白银。

当然，张弼士一生的最大成就，是他开创了张裕酿酒公司，打造了为数不多的中国百年品牌。1912年，孙中山品尝了张裕葡萄酒，立即挥毫题词"品重醴泉"，据说，这也是孙中山为中国企业留下的唯一墨宝。

1916年9月，张弼士突然离世。后人将其灵柩从雅加达运到了大埔。"归丧之日，中外官商咸深悲悼，执绋吊祭，自吧城（雅加达旧称）过槟榔屿，由新加坡至香港，英荷政府皆下半旗志哀……"在广东，韩江两岸民众纷纷设牲吊祭，由张弼士生前发起修建的潮汕铁路，在半月内免费坐车，以示哀悼。

孙中山得知噩耗后，所送花圈的挽联写道："美酒荣获金奖，飘香万国；怪杰赢得人心，流芳千古。"

我不知道广州亚通机器织布厂有没有加入锦纶行。但张弼士在业界的影响力是肯定的。当时在广州，丝织业纺织业都对广州经济贡献多多，都是经济的支撑力量。

会不会是因为这些强有力的经济力量，以及孙中山身边的重量级人物廖仲恺、商界怪杰张弼士等，让孙中山出手保护锦纶会馆？

珠江奔涌，伟人已去，余已力不从心去寻觅那历史遗漏的精彩故事了。但所幸，我们在博物馆看到诸多老石碑，看到那块珍贵的，廖仲恺留下的最后一块石碑《重建会馆碑记》。

它镌刻着孙中山"永远不得别立名目再征抽"之指令。锦纶会馆，因为这指令才会得以保存。才会在后来广州大规模的城市建设中，阻碍了修路而不被拆除，而实施了轰动中国内地的，首例砖木结构古建筑整体平移。

这次古建筑整体平移了一百米，据说曾被大书特书。但对于我，之所以感慨这次技术上的成功，是因为它让广州后人，让我们这些客家人，如此清晰，如此贴近地了解到，广东曾经是丝绸大省，在湛蓝的大海上，中国丝绸曾经美丽缤纷，诗意飞扬；而在这浪漫飞扬诗意之下，是广袤的桑田，是那些低头采桑的农人，是工厂里肯干的工人与老板，当然，还有伟大杰出的孙中山、廖仲恺、张弼士，还有最早在广州府南海县简村创办继昌隆缫丝厂的广东华侨陈启沅，还有岭南农科大学蚕丝科主任、美国博士考活，等等。这些曾经的历史，在广州2300多年的历史中，不算长，一点点，但它绚丽斑斓，响声猎猎，很出彩。

◎孙中山"永远不得别立名目再征抽"碑

◎古色古香的会馆里有许多历史故事

时代风华 ■ 159

东平大押　羊城金融投影

东平大押是昔日旧当铺缩影,随着中国新式银行登上金融舞台,银号、当铺、押店逐渐式微。大押里的当票、「司马秤」、老式电话机在静静地诉说着广州曾经的商业文化。

◎ 从清中叶到1927年，是广州典当行业发展的黄金时代。图为建于民国初年的东平大押

写了锦纶会馆，闭眼就见几百年前的老广州。这是一个经济发达的城市：街面商铺形形色色，世界各地口音嘈杂，珠江连着大海，荡着无数外船桅杆。而它周边的小城，有丝绸生产地顺德，陶瓷生产地佛山，莞香生产地东莞。

而使这些小城产品走出国门的，是那条著名的海上丝路。从唐代起，不知是谁，第一个开始扬帆带着中国贸易船队去到南亚各国。也不知是谁，率领船队越过印度洋，抵达西亚及波斯湾，最西，走到了非洲东海岸。到了明清，这只船队更强大，它远赴欧美，行驶在一万多公里长的海线上，风雨兼程，劈波斩浪，够危险，够胆识，让中国丝绸与美丽陶瓷在大洋彼岸诗意焕彩。

我闭着眼睛，感觉自个儿，化成一条鱼，潜游至历史深深处。

海水深蓝。触碰到的，有一结实建筑，它青墙墨字，方方正正，像极了碉楼。穿过大片低矮瓦房，我沿着青墙迅速向上，海水摇晃着，那墨字是"大押"，很惹眼。

后来，我睁开眼睛。再后来，我细细回忆此前的采访，想起来，那些广州大押，从1874年起，就从遍地当铺中脱胎出来了。它不是银号票号，与实体经济之间，没有那般紧密得共生共荣，但它也像所有的金融机器一样，不停转动着，那些做进出口生意的商人，急用却不凑手时，也从它那里拿走流动资金。它们遍布广东，同样多过米铺，而社会底层人，实在窘迫时，也拿着物品，去到大押换现糊口或救急。

银号大佬与蚕丝业

几百年前，珠江几处码头已经很是热闹了。那天，从宽宽长长的码头往外看，一片深蓝海面上，中国商人梳着辫子，与洋船上的几个蓝眼睛商人，在比画手势，谈生意。

洋商们，是来广州买中国丝绸的。

那个子不高的洋商，叫亨利。他做中国生意已十数年，熟悉中国市场，他非常清楚，广东蚕丝业是当地实业之首，广州丝绸相当漂亮，自唐代起，它就进入国际市场了。

他当然也了解，清同治十一年（1872年），南海有个陈启沅，在广东办了第一间机器缫丝厂。那是真正的机器缫丝！它比手工丝更均匀更精美，货到欧美，走俏畅销，而陈老板的收入也倍于此前，产业迅速扩大。

但亨利不晓得，陈启沅并没有笑得见牙不见眼。相反，陈启沅比以前更焦虑紧张、担惊受怕。因为，一边厢，家乡那些传统手工丝织户们认为，是机器缫丝抢了他们的饭碗。愤怒之中，他们火烧了同行厂房，使得陈启沅们提心吊胆。另边厢，中国五口通商了，广州不可能再一港独大了，上海同业，成了强有力的竞争对手。

在亨利的行程中，打算先到广州，继续签订几单机织丝合同，然后，与几位同行一起，到上海，去看看那里的丝绸市场。他们听说，江浙生产丝绸已有年月了，那一带阡陌桑田，原料供应十分充足。并且，上海还有一个更大优势：它的资金较充裕，金融也比广东更便利，供货也较稳定些。

所以，第二天，亨利他们便买了车票北上，考察上海市场去了。

而此时，广州丝业著名的老行尊李本立，与几位行会会长一起，坐在广州一座茶楼里喝茶，吃点心。茶喝得差不多了，他便给大佬们介绍上海丝业，以及那里资金运作的近况。

他说，当下，上海丝厂仍然只占广东的三分之一，但它们的实力却比广东更强大了。

最醒目的，是上海丝厂资金明显比广东充足！

广东建一间丝厂，资本是在1.6万元至6万元之间。而上海丝厂的资本，则是在37.5

万元至62.9万元之间。仅开业资本这一项，相差就悬殊。同时，上海丝厂老板还有一鲜招，这就是，他们与洋商做期货，购买余茧，又抵押借款来周转生产。

老行尊还说，上海丝业眼光够广够远，即使普遍比广东厂资本雄厚，他们仍然觉得不够力。比如，上海万国生丝检验所，就批评当地丝厂"在很小的资本基础上经营，现用现买，这使业务非常不稳定"。

李本立有些着急，他说，如果按这个标准看我们广东丝厂，那业务就更不稳定了。举例说，在我们顺德，即使是那些经常开动500台机器的大厂，集资50万元的厂子，其准备的原料，也不足十天之用。

所以，他提点诸位大佬，要向上海学习，想办法向银号融资，令资本基础更强，让资金周转更快，把原料备得更多些。

据说，此后，李立本与同行们便在丝厂金融方面落力做事，广东丝业就瞅着上海学样，重视与银号合作了。

顺德丝业更与银号密切合作。每逢蚕丝旺季，广州银号，便大船小船地往顺德运白银；到了淡季，这些银两又运回广州，流进银号里。暂时的闲钱用来生钱，赚钱通道，就是那些银号了。

如此，船来船往，顺德人便在广州设银号，开分店，就如1932年的《广州之银业》所记，广州银业"多

◎复原当年当铺柜台情景的蜡像展示

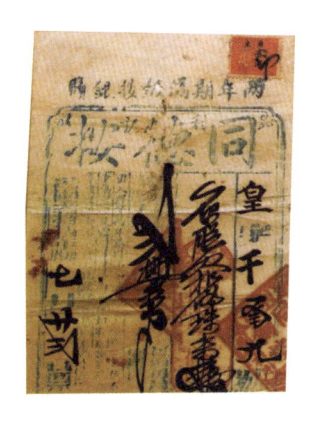

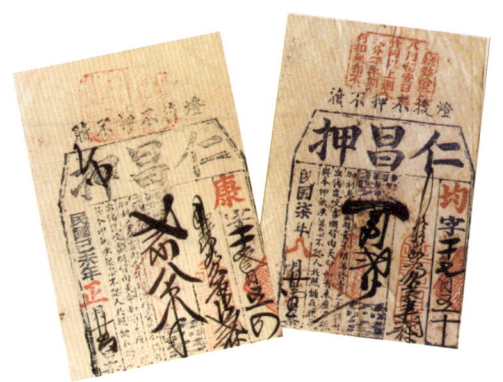

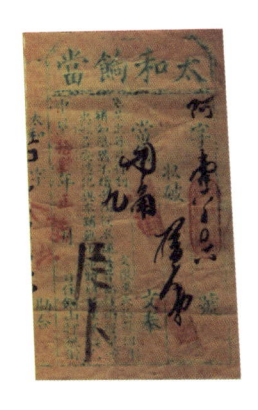

◎存放于东平大押内的旧式当票

时代风华 ■ 163

由顺德人经营。故顺德人向执银业界牛耳"。20世纪30年代，广州银号几由顺德人一统天下了。

如是，银号与经济匹配水到渠成，顺德一叶，见证了那个金黄秋天。在中国南方这临海城市，金融变成血液，它灌溉、滋养了广东的实体经济。

银号最盛477间

当我静下心来，弄明白了广州银号及它的生长故事，就很自然地想，以它在广州金融业中的重要地位，它们，应该也像大押那样，在城中留下遗址吧？

果然，资料记载，广州银号最盛时期多达477间，十三行时期，它们多集中在藩曙前（今中山六路）、双门底（今北京路）、南关后街（今北京南路）一带。

到20世纪前后，它们继续发展，不少成为专营存款、放款业务的大银号，又多设在登龙街（今和平东路）、打铜街（今光复南路）、西荣巷（今桨栏路）一带。

到民国十一年（1922年）前后，广州银号达到最盛时期。民国十九年（1930年），统计称，广州银号需领取商业牌照，有477家执照经营。

但以后，因为战争，因为桑田沧海，几百间银号几乎消失了。

于是，很自然惯常地，我为逝去者惆怅遗憾。又叹息担心，不见古老广州，不见这座城市商品经济萌芽、对外贸易先行发展，我们及后代，要找不到感觉，要做那无根之木了。

但庆幸不久后，我就听到同仁说，在广州光复南路西荣里17号，一处四层高民居的窗间墙上，看见了旧时银号"天泉"痕迹。他们说，那是"天泉"堂号被卸下后，留下的一组铁钉印痕。这组印痕向人们报告，昔日的行业老大"天泉"银号在此。

同仁们还报告，十三行路的故衣街14号，旧时银号"谦益"也保留在二楼正立面黄色石米批荡墙上。墙上留下"鸿谦益银号有限公司"9个红色大字，经专家考证，那个印刷体"鸿"字是后来增加的，那么，这里应是"谦益"银号旧址了。

七八十年前，在广州连片低矮平房间，那"天泉"银号高耸四层，气宇轩昂。那财力十足，行业老大之形象，怕是助它吸金不少吧？而"谦益"低头，却也两层楼高，民众进出存取款，怕也是相信它的实力吧？

最有故事可讲的，是和平东路87号。现在它是一栋六层半高的民居，高大的白色罗马柱从横梁一直延伸到楼板，使上下各三层楼在视觉上各变成一层，整幢楼很是气派。在这里，曾住着广州金融巨子何雅各，他经营着永泰隆，被称为"南中国工商界巨擘"。

然而，也就是在这幢大楼上，1947年，这位"南中国工商界巨擘"纵身一跃，自杀身亡。当时国民党整顿包括银号在内的广州金融业，对投机分子严厉制裁。永泰隆被查出了经营问题，何雅各无力支付巨额的行贿费，选择了自杀，此消息当时震撼省、港、澳。

几间银号旧址似乎是找到了。又有同仁说，1932年，有251家银号在十三行路附近驻扎，还有数量相当的找换店，鳞次栉比，蔚为壮观。

但是，我们还是看不清当年广州银号的情况。因为，那些旧址尚未整理，它们或变成连排服装批发铺，或成仓库，或成民房了。

◎广州大押老照片

广州大押　第二行

眼下，要看当年广州金融的实在，还只能去看那些掩藏于闹市之中的"大押"。在那些形似碉楼的建筑里，我们可以闻见当年的气息与况味。

那个秋天，我去打探位于中山四路上的东平大押。

那厢是东濠涌高架桥。桥下不远处，十字路口边，有一方印式的建筑很抢眼，端的真是碉楼坚厚高耸。

碉楼前有几竿绿竹，把"东平大押"门牌遮掩了，青砖白钩缝、狭小窗口的高墙下，有许多参观者，安安静静地，进进出出。

大押门厅正中，供着"武财神赵公明"像。许多观者围着它，不走，扎堆在留影。

一打听，才明白，此馆要保护文物，一拨观众只可进去30人。故，多余者须停留，等再来者凑齐后方可进入。

借着这段空当，我迅速地翻阅下载资料，以把"大押"搞得更清楚。

《广东省志·金融志·典当》篇说："典当，亦称当铺或押店，是经营各种物品（动产）抵押放款的信用机构。历代有质库、质肆、解库、长生库之称。我国最早的典当业，为南北朝时期寺庙经营的质肆。广东各地典当，大抵在清代以前已有设立。"

"广东典当业，分为当、按、押（也叫大押、饷押）及小押4种。押店期限一般为一年，由于其满当期限较短，普遍适应社会各阶层的典当需要，发展迅速，原来的当铺也不得不纷纷停歇或改为押店。"

此志又述："同治十三年（1874年），广东正式试办押店，以12个月为试办期，一年换领执照，到期得照章程改为饷押（引者注：向政府交了饷银）。"

◎ 大押保存的"司马秤"

◎ 当年柜台收到典当物后，便先如此捆扎包装

◎东平大押内景。青砖碉楼十分坚固

"大押断赎物品期限为1年，时间比较适中；小押期限半年及半年以下，日期太短，利息又很重，因此人们多向大押典当。"

读完这段解释，舒口气，笑，觉得它虽然正儿八百，板着面孔，但它让我知晓了，原来，这大押与当铺是有不同的。

当铺，它的年代应更早更老，满当期限长，当本较高；押店，是后生仔，它满当期限相对短，当本相对低。而大押与小押也有不同，像这东平大押，高楼危耸，保卫森严，它的满当日期及利息适当，更吸引人，人们因此更愿意到大押去典当。

刚刚搞清楚了什么是大押，很及时地，东平大押的工作人员便来招呼人们进去参观。

进一楼，见到了明末清初时当铺的高柜台，见到了诸多典当旧物件。上二楼，看了墙上诸多老照片及解说词，那十恶不赦吃人当铺的旧印象，就被少少修正了。

借着碉楼窄小窗户照射进来的日光，又翻了下资

时代风华 ■ 167

料，见到《广东省志·金融志》说，根据宣统三年（1911年）编订的《广东财政说明书》统计，光绪十一年（1885年）奏销册报，全省开张当店1964间，至宣统二年（1910年），剩下1271间，年饷银59,533两。

我点头，这段文字，表明此间，当店逐渐变少了。

此志又说，据民国二十一年（1932年）的调查，广东省有当、按、押店1276间。其中，当231间，占18.1%；按218间，占17.1%；押776间，占60.8%；小押51间，占4%。而广州市，当铺为零，押为132间，小押为34间。

这段文字，说明此间广东押店兴盛，至1932年，大押在同业中已占六成，尤其是广州，当铺已消失，大押占绝对优势了。

那么，广州大押做的是什么生意，它与广州工商外贸如何勾连，与一般百姓的生活有什么关系呢？

读馆中图文，我见典当受押的物品有金银珠宝、古玩字画和日用品衣物。资本雄厚者，还兼营机器、原料、货物等押放业务；又有一般失业工人、职员、手工业者、贫民，来典物换生活费用；还有一些工商业者，来此解决一时的资金周转；又有富商、地主，为了妥善保管贵重衣物，把家里的好东西，拿到大押来保存。因此，社会各阶层，都可以是大押的主顾。

由此可以想见，这些大押真的包罗万象，它的资金触须，几乎伸向社会各个角落。生产外贸方面，它做机器原料、货物押放生意，又解决工商业者短期头寸周转；日常生活方面，它做失业失意者生意，让他们典物换钱过生活，又像一个大管家，替富有者专业保管贵重衣物。

因此，广东大押，因其金融作用，被戏称为洋行之下的"第二行"。

老式电话机之当票

也许是彼时东平大押变身成典当博物馆不久，馆中陈列资料不够充足。比如，我国最早的典当业，是南北朝时期寺庙经营的质肆。这个质肆，是何模样？广东各地典当，清代以前就有设立，清代以前的典当行，如何运作？典当发展史上，有什么重要人物？在经济生活中，又有什么故事？这些，似乎都语焉不详。

但一批批年轻观者仍然兴趣浓厚。他们对着那些旧算盘、旧账本、司马秤、鬼画符、麻绳麻纸跐脚摄影。又围住一部老式电话机左右观看，对那张民国三十三年（1944年）的电话机当票，咔咔拍照。那部老式电话机，押30银圆，约合7000～10000元人民币。

这部老式电话机的主人，按年龄算，恐已老去。但想想当年，他应该是时尚先进，才会拥有一部那样贵重的电话机！是因办厂急需周转资金，是要换现去海外发展，还是因为做生意蚀了本，拿它来换饭吃？抑或他是军人，因为战争，必须离开广州，所以，当掉了电话？

在大押里，似乎不可能记述故事。因为，大押规矩是必须为主顾保密。事实是，这部老式电话机成了死当，物主再没来赎回它。

但我们可以想见，几十年前，这位物主抱着他的电话机，快速走进东平大押。他一进大门，立刻走到那宽大的遮羞门后面，把电话机高高地举过头，交给押店伙计。又或者，他与大押老板是朋友，老板请他进来喝茶，议定好了当本，填写好了当票，就拿了20多个银圆给他（大押会按当物价值的逾七成付钱给典当人，一般当铺低些，按当物价值的五成或七成）。这位主顾，感激地，或麻木地接过银圆与当票。他不晓得，自己还有没有可能，来赎回这部心爱的电话机。

伙计或老板一边安慰他，一边平平整整地把那张当票叠好，叮嘱他，好好收检了。这位物主勉强地笑了笑，说，这些"鬼画符"，实在看不懂。

大押老板也笑，说，这上面，写的是你当物的数量。这花字，每间押店都不一样，广州城常用的，有四百多种，你们怎么可能看得懂！？

这物主回到家，拿出其他几张当票看，果然，每张"鬼画符"，都与手中这张不一样。但几张票的店名、地址、当期、利率等，他都认得。当票上，没有他的姓名。大押告诉他，来赎当时，他们是只认票，不认人。

这位物主摇摇头，后来消失了。

后来，这部老式电话机，留在博物馆里，引出观者无尽遐想。

◎ 此老式电话机押30银圆

"雷公轰"之另一面

在旧时代，广东当、押、按店的招牌也有规矩：比如，满3年的当店，挂葫芦形招牌；满2年的按店，

时代风华　■　169

◎ 清末民初，广州一片低矮房屋中，高耸入云的当楼在城市中显得十分抢眼

挂圆形招牌；大押及小押，均挂方形招牌。

在这招牌下，典当行做生意，赚钱当然主要是靠放款取利息。这利息，也按当期长短而不同。

彼时，当铺、按店、大押的利息稍低，小押最高。清初，户律规定：私放钱债及典当财物，每月取利不得过3分（即3%的利率），年月虽多，不过一本一利。

民国十四年（1925年），押店取利灵活了，广州市规定，当、押店每两3分，过五十两的2分，过一百两的一分半，或面议。

在老电影或文学作品里，我们看到当铺"吃人"，知道它利息高，利滚利。

但电影及文学作品，只是展示了硬币的一个面。

实际上，利率高，满当期限短的押店，多是小押。它一般月息为3分。其押入物品，通常以"九出十三归"算利息，因此，被称为"雷公轰"。

这个"雷公轰"，确实是吃水太深，取利太重。它的意思是，典当人当物时，当、押物品价值10元时，当、押店只付9元，这就是"九出"；客人到期赎取当、押物品时，客人要按押物价值10元付给押店，另外加上三个月的利息3元，共计13元，交给押店。这就是民间所说的"十三归"。

应该指出的是，广州押店实际取利并不都是三成，如前文所述。而且，从民国元年（1912年）起，广东省地方政府就开始采取措施，禁止押店"九扣"了。经过二十多年的反复，至民国二十二年（1933年）8月1日，押店的"九扣"终于被正式革除了。

当铺盛　税收重

在老广州，有民谣说，要想富，开当铺。说明开当铺赚钱较多。有统计说，老广州当铺最盛时，有四百余间，也真的是"多过米铺"。

那么，这么多的当铺押店，除了满足市场需要，它与政府，是一种什么关系，它们赚来的钱，是不是全都进到自家荷包了呢？

查阅资料，《广东省志·金融志》说，典当税收，是政府一重要赋税来源，清，规定直省各当铺年纳税银5两。光绪二十三年（1897年）户部以当商取利较厚，税额太轻为由，奏准自是年起，每间当铺年纳税银50两。

清咸丰八年（1858年），善后局饬令各押捐助军需者，可改为饷押。广州设押店，每间店缴牌照费银400两，另缴2年饷银800两。2年换照一次，再缴银800两。岁饷虽重，但就不另征其他附加税了。

小押初办，每年缴纹银100两。光绪三十年（1904年），规定小押每间年缴银300两。

◎ 当帖亦称典帖

◎ 东平大押是昔日旧当铺缩影。图为参观者在仔细观看

时代风华

读这些文字，我们知道了，广东的当铺押店，清时向政府交税，也经历了一个由轻到重的过程。

应该说，这也是一个行业发展至盛的过程。

到了民国二十年（1931年），中国新式银行登上金融舞台，不仅仅是银号式微，当铺押店也走下坡路，更加上政局动荡，战事频频，货币又屡屡贬值，所以，广州的押店也逐步衰落了。

补：平和大押

广州除了大东门的东平大押，白云区均禾墟，还有一座平和大押，已修葺完工对外开放。

这座大押，建于民国十七年（1928年），由当地富商巨贾、知名乡绅等股东筹资3万两白银兴建。它高8层，三进两翼，大而精致，碉楼气势恢宏，安保严密。

据说，此大押的看点有三：一是当铺外墙用大块清砖砌成，构造十分坚固精细。当年日军入侵，前后共花了3天时间才攻下当铺。

二是其楼顶落石仍具威慑力，防盗措施十分得力。建造大押时，主楼储存当物的地方，分9层。地面8层存放当物，都用铁钩由上而下吊在半空。最顶层则由木杉支撑，再铺上大阶砖，以便防御外敌时在上面作战。第四、五层楼上，放着数十块不规则大石，每块上百斤重，强盗来时，可空中击打。

三是其地下钱窖待探测。此大押有个3米深的大地洞，铁盖半开。这个地洞里面有地下室，当年是存放金银财宝用的。大押方面说，要先放摄像机下去探探路，看了情况再进入。

流年荣光

广州沙面

城市和建筑，真是人类的鲜活史书。经过140多年的历史剧变、社会兴衰，沙面发出了历史的回声。在沙面，每一栋建筑都有它的故事，每一个转角都有它的风景。

◎ 1859年至1923年，英、法、美、德等12国相继在广州沙面修建了领事馆

　　深圳没有外滩，也没有沙面，所以，我迁居羊城后，便几番去珠江边，到那幽静的沙面岛上，去看那些百年老洋房和巨樟老榕树。

　　沙面地底下是沙，明代时只一小块，名叫"拾翠洲"。拾翠洲的南面是白鹅潭，北面可泊船避风，所以，广州蛋民便到这里来歇脚。后来，蛋民与岸上居民做开了鲜鱼虾生意，拾翠洲便有得吃了，加上江景开阔，更吸引了城里人，慢慢地，这里变成了郊游饮宴的好地方。

　　后来，第一次鸦片战争爆发，清政府在这里建了炮台做防御。再后来，第二次鸦片战争爆发，英法迫使清政府，将沙面划成了租界地。

　　1859年，英法在沙面搞"二通一平"：砌筑石岸、平整土地、开凿壕沟，沙面被建成了0.3平方公里的小岛。

　　经过60多年，至1923年，英、法、美、德等12国

流年荣光　175

在沙面修建了领事馆；各国商人，在沙面建了"新十三行"，英国上海汇丰银行、法国东方汇理银行等九间国外银行，英国怡和公司、亚细亚火油公司、美国美孚火油公司等七间大公司，还有酒店、制冰厂、俱乐部、游泳场、海关会所、法军兵营、邮局等，林林总总的西式建筑，在沙面岛上相继落成了。

到1946年，国民政府颁布"收回沙面前英、法租界为本市辖区令"。1949年，广州解放，沙面一幢幢西洋建筑留了下来。

彼时，我在幢幢西洋建筑间穿行，感觉到它们散发出来一种异怪气息。那气息就在那一砖一石里，窸窸窣窣地，凸上凹下地，活鲜鲜地等候阅读。那里有广州近现代发生的故事。这故事与建筑黏合同在，跨越了大洋与时间，静悄悄地，等候人们与它对视。

广州最早的电梯、电灯

那天，我就那样皮肤发紧，抱着双臂站在西洋建筑群间。几位中年内地游客严肃照相，一女士走近建筑铭牌，看清了这里曾经是某某领事馆，便愤愤，说，最恨八国联军了！沙面这些领事馆，不就是八国联军建的吗？！

在老建筑之间，有笔直马路，有古树婆娑的公园。我拐进公园，一老人在长椅上读报，我也去长椅另一头坐下，歇一歇。一会儿，我与老人搭讪，又问他，这沙面百多年了，有没有故事呀？

老人放下报纸，端详我，微笑一下，取下眼镜，对我说，这里故事多呵。比如，这儿拐出去，就是六二三路。这路名，就是为了纪念"沙基惨案"的。

中学课本上有"沙基惨案"。但几十年前，它只是一个知识点，离我很遥远。

现在，这位老人指着街道尽头，说：喏，就是在1925年吧，在6月23日那天，英国人站在维多利酒店楼上，向声援上海五卅运动的广州游行队伍开枪。那时，沙面的英法士兵用机枪扫射，驻在白鹅潭的英国军舰，也向北岸开了炮！那天，游行的广州人都没有防备，当场，就有五十多个人死了，还有一百七十多人，受了重伤。我听老爸他们说，当时，洋人用的是达姆弹，受伤的人，创口很大，救都不好救呵！

我坐在长椅上，不知道说什么，来安慰这位陷入难过悲伤的老人。好一会儿，老人才说，那是好久好久的事情了。一般情况下，街坊们都不会去想那个惨案，六二三，六二三，叫着叫着，大家都叫顺了，都记不得了，有的后生仔，恐怕都讲不出这街名的来历了！

我感慨，心说，是呀，这里绿树成荫，江风习习，美丽的风景地里，游人漫步，谁会着意去煞风景，去提说那曾经的枪炮血腥，去抠开那早已结痂的伤口呢？

于是，我转了话题，向老人打听，沙面老建筑的修建及保护情况。老人摇摇头，说，自己退休前是中学老师，因为不做文保，所以，对那些老建筑的故事，知道得很少很少。

于是，我告别老人，离开沙面，找到广州市文物保护部门。但工作人员说，很遗憾，因为只能通过外国人的论文、外国公司破产的档案，以及国外博物馆珍藏的资料来了解沙面，而他们手里这些资料也少，所以，暂时，帮不到我。

如是，我只有把感知到的，把沙面那种异怪气息保留在记忆里。

一单归一单

好彩，过了两月余，文保工作者们有点兴奋，告诉我说，最近，他们从资料里发现，沙面是广州最早使用电梯、最早使用钢筋混凝土建楼，最早把西方城市规划方法带到广州，也可能是最早使用电灯的地方。

他们说，广州最早的那部电梯，就安装在沙面南街50号的瑞记洋行里。

瑞记洋行比较著名，它是德国人和丹麦人联合开办的贸易公司，其分支机构，分布在柏林、伦敦、纽约和中国。百多年前，瑞记在沙面选定了很好的位置，临着滔滔珠江，在沙面南街建了一幢四层高的漂亮洋楼。

◎从沙面南街看珠江

流年荣光

在 楼前面，瑞记做了宽敞的，足有230多平方米的商品陈列厅，后面，做了一间740多平方米的仓库；二楼，用作办公场所；三、四楼，做职员宿舍；另有天台，是仆人们住的地方。

一位叫作卡特莱特的国外研究者，在资料里写道："一部最新式的电梯——广州当时唯一一部——从一楼升到天台。"

卡特莱特又写：沙面瑞记"正面到二楼，全由花岗岩建成，外墙由砖和水泥所建，其他地方都使用了混凝土。这值得一书：因为，这是中国华南地区首次在建筑中，如此普遍地使用混凝土"。

文保工作者们特意强调了那个"首次"。紧接着，又兴冲冲地告诉我：沙面，还是广州最早使用电灯的地方。

老实说，当时，我得到这一新闻时，也跟着有点小兴奋。要知道，英法进入沙面是1859年。那时广州还在清朝，百姓家中，统统都点一昏暗如豆的菜油灯。

而不远处，沙面"洋馆"电灯明亮，沙面街上，路灯如星在闪烁。广州那样湿热，沙面洋馆里，洋人却舒坦，他们在房里吹电扇，不出汗。上楼下楼，坐电梯腿也直直地不打弯。

那时的沙面，简直就是另一个世界！发电机、电梯、电灯、混凝土、电扇这些洋物件，类乎神技与戏法，它们进广州，当时是新闻；放在今天，百多年后，文保工作者在资料中见到它，眼睛也发亮。但新闻也要求证实，这"首次"是否可靠。于是，我等着要论据，以佐证它们是"最早的"。

事实上，等了一段时间，我没有等到消息。我只能把这"最早的"放一边去，毕竟，要在一息尚存的资料里寻证据，确实太难了。

但，有一事实却是确定的：当时的沙面，展示了大洋彼岸工业社会的生活信息。而世界先进科技，通过广州的买办们，以及最下层的劳动服务者，口口相传，让广州人，听闻了世界前进的步伐。

这里，有必要说一下，时人对待彼时变化的态度和行动。因为，前事为镜，面对世界先进科技的心态，我们的先辈也同样十分复杂，做出的选择也是迥然不同的。

康有为应是阳光正面的代表。

康有为，字广厦，号长素，世称"南海先生"，广东南海人。康家世代士族，以理学传家。17岁时，他初读了《瀛寰志略》，方"知万国之故，地球之理"。其后，他又颇多地涉猎西方自然科学，并不时地，萌生了探讨自然奥秘的念头。

1879年年底，他去到被英国侵占的香港，看到香港市场兴旺，街道整洁，楼房高耸。他看到，马路上车多人多，但又管理有序，又看到电线电灯电梯，给生活带来了许多方便。21岁的康有为看到了西方前进的实证，对近代科技及管理开始佩服。

但同时，他一想到这片中国土地被英国侵占，心中便悲愤，反观国内清政府的闭关自守，腐败无能，改变现状的小小种子，也悄悄落进了康有为心头。

1882年，康有为赴京应乡试不第。告别那点惆怅、失落、懊恼之后，康有为定下心来，转向西学，并在上海"大购西书以归"，回粤后埋头比较推敲。

改变现状，拯救中国的壮志，便在这大量阅读翻译书籍，在了解西方政治制度、经济发展、社会风貌、民情风俗，以及新兴文化科技的发展中，产生了。

1891年，康到了广州，在长兴里创设万木草堂，开始"激励节气，发扬精神，广求智慧"，广授门徒，宣传变法维新，推动中国进步主张。

后来，中国走向变法维新之路。西学中用，成为先贤们的口号，也成为先贤们践行的救国道路之一。历史渐渐证明，先贤们的做法，给中国带来了进步与文明。

因此，痛斥八国联军不为错，但不应该的，是将西方先进科学技术及城市现代管理理念，与其政府的侵略霸权国策，搅混在一起。更不应该的，是将英法联军与西方文明的传播者，搅混在一起。

许多论述近代史的文章都认为，那段历史是"帝国主义用枪炮"打开了中国的大门，而西方文明带着血腥进入中国。

但实质上，邪恶与良善从来都势不两立，文明与侵略，一单归一单。天使与魔鬼，也是一单归一单。

澳大利亚建筑师帕内的故事

沙面已经走过了150多年。即使在今天，我们用现代管理的眼光，去看一个半世纪前的沙面规划，它的超前仍然令人佩服，至今仍没有过时。

这规划，设计街道为三横五直，加上环路，构成了一个完整的交通系统。且，岛上的用地，由道路划分成了规整而大小不一的12个区。

从沙面老照片上看，最初的沙面是一大片空地，只一排房屋单调地摆着，状况有点像现在中国的"农家乐"。

但它毕竟不是农家乐。十分重要的是，沙面经过了"规划"与"经营"之手，它发展有序，绿化非常好。

我们已不清楚沙面的设计者是谁。

但我们在幢幢建筑间流连时，看到许多临街小花园，走在堤岸街道上，会很惬意地享受着巨大的榕树樟树笼罩的绿荫。

沙面的园林设计者，让当时沙面立体绿化的投影面积，大过其建筑占地面积。

于是，沙面的洋房，都被隐藏在绿树密荫中，那江水、绿岛、密树、房屋，和谐共存，百年不老，成了近现代广州独特一景。

采访中，当我站在那一幢幢西式建筑前，澳大利亚建筑师帕内，进入了我的视野。

◎帕内设计的粤海关俱乐部，广州人称它为"女巫的小红帽"。江滨摄

文保工作者们介绍说，广州孙中山大元帅府，曾经做过帕内的专题展览。我便赶去，果真，在那里，发现了一个有血有肉的年轻建筑设计师，他在广州待了十一年，为广州设计了十余座独特建筑，在沙面，留下了著名的粤海关俱乐部等建筑。

帕内的经历，在那一代沙面年轻人里，具有代表性。他勤奋工作，将西方建筑艺术带到了中国，此后，又把中国建筑艺术带回澳洲。他完成了东西方不同建筑文化的搬移，在澳洲墨尔本，他修建了富有中国元素的建筑，他把它命名为"沙面"，以纪念他最富创造力的年轻时代，纪念给他提供宽阔平台的美丽沙面。

年轻帕内　沙面传奇

亚瑟·威廉·帕内（Arthur William Purnell），出身于澳大利亚一个建筑世家，他游历非洲、欧洲、美国和新西兰学习建筑后，于1899年，到了中国沙面设立冶平洋行，工作生活到1910年。

在中国，帕内的别名叫"卜恩"。帕内的侄孙女简·帕金森解释说，这是因为帕内的中国朋友觉得"帕内"不好发音才叫他"卜恩"的。

帕内来到中国时才22岁。那时，清政府正在实行新政，国门打开对外开放，各国人才纷纷进入中国寻找发展机会。帕内最初到了香港，被任命为香港公共工程部职员。但这个年轻人很快认识到，自己很不适合做公家职员，所以，他跳了槽，来到一家英国建筑公司的香港分部工作。

在这间建筑公司做自己喜欢的，帕内工作非常勤奋。很快，帕内得到了升迁，1903年，公司派他到广州做丹备洋行沙面分行的主管。一年后，1904年，27岁的帕内积累了相当的经验后，离开了丹备洋行，自己创业，与30岁的美国工程师伯捷组成了冶平洋行。

走在沙面街上，我们可以找到帕内留下的9座建筑。一座是粤海关俱乐部。它位于沙面大街2号。开车从立交桥经过，我们看见两个圆形塔楼，它的顶部像女巫的帽子，整幢建筑像童话中的城堡，广州街坊，都叫它为"女巫的小红帽"，它也是沙面的标志性建筑。

第二座在沙面南街50号，也就是前文提到的安装了广州第一座电梯的瑞记洋行。第三座是大清邮政局。第四座在沙面大街与沙面二街的东南拐角处，这是帕内冶平洋行，为万国银行设计的一栋三层新古典主义建筑，现在，这幢建筑外形变化不大，但内部改动太多，庆幸的是，那个表现帕内诡奇设计风格的楼梯平台，仍然保留了下来……

帕内与中国建筑师

帕内一直使用着中国名字"卜恩"。给帕内起别名的，可能是与他合作的中国建筑商，也可能是冶平洋行的中国职员。

在《商埠志》中，一段记述颇有价值："帕内和伯捷年轻，在各自领域受过专门训练，为客户设计了一系列不同风格的建筑并都取得了客户的欢迎……他们的中西职员亦都训练有素。"

最后一句"他们的中西职员亦都训练有素"，引起了我的注意。在帕内为冶平洋行全体职员拍摄的合影照中，可以看见有九个中国职员。他们清式装束，穿着干净齐

◎ 帕内与职员合影　　◎ 帕内夫妇在花旗银行凉廊休息

整，真的很有职业人的"范"。而在冶平洋行给客户的设计图中，一中国人"杨宣昌"的名字，与其他西方人的签名盖章及冶平洋行的图签并列，很显然，帕内这位老板，让中国建筑师参与了洋行的设计工作。最起码，他招收中国职员，培养指导他们制图，从根基上，培养了中国最早一批"建筑师"的职业素质。

帕内在沙面，工作生活得很惬意。1909年，帕内新婚，事业如火如荼。工作之余，帕内去广州俱乐部活动，到珠江泛舟，到乡间野餐。但帕内夫人却不适应广州潮湿的天气，她得了病，且因此与帕内怄了一辈子气。帕内是一个对家庭负责的男人。1910年，他离开广州回到澳大利亚，在墨尔本定居下来。

在墨尔本，帕内设计了数百座建筑，其中相当一部分受到中国影响。他为当地华人做设计，一些设计加入中国元素，一些则使用中国名字。1914年，帕内在阿默得雷为自己设计了两层小楼，他将它们命名为"沙面"，以纪念他在广州居住的日子。

后来，帕内又给自己设计了一栋砖砌建筑做住宅，同样地，他给它起名也叫"沙面"。1995年，新"沙面"被大火烧毁。1964年，帕内逝世，阿默得雷的"沙面"被女儿捐了出去，后来，"沙面"几经转手，落在现在的户主手中。

近几年，广州市从墨尔本大学得含·歌福斯博士那里，了解到了帕内为中澳建筑史做出的贡献。为促进中澳友谊，广州派一行专家去"沙面"参观，受到了户主的热情欢迎。

根据得含·歌福斯博士的考证研究，帕内在广州设计的建筑，像粤海关俱乐部、广东士敏土厂办公楼（孙中山大元帅府）、广州邮政总局、花旗银行等11座建筑，目前还被保存着，这些建筑大多集中在沙面。

◎ 沙面大街60号，原为英国"广州俱乐部"，是英国在中国租界最早的俱乐部之一

走进沙面深处

一上海朋友来穗，与她一起去沙面，她说，感觉沙面很安静。她拿上海外滩来比较，说，外滩开放，沙面相对封闭，它好像脱离了城市的喧嚣。夜晚住在沙面，那些夜灯点亮了，就像一张老唱片开始旋转，整个沙面像在柔声软语地呢喃，古老的气息幽幽飘散，曲声越过珠江，让人心起波澜。

我一边感谢上海朋友的赞美，一边也庆幸，这诗意产生于朦胧虚幻的夜晚。

因为，在白天，在阳光下采访沙面，它的好与"坏"，就一半对一半；而当你面对它的"坏"时，你的感觉就不那么诗意，就近于散文或小说了。

在这里，我要说说后来的采访，那是在采写了帕内之后一年，我们在沙面追踪那些老建筑。

采访前，我先去寻求专家帮助。华南理工大学建筑学系郑力鹏博士，拿出他1997年拍摄的两张照片，说明当时文物保护的糟糕情况。

一张照片，拍摄的是沙面南街12号，原法国领事馆用房。彼时，它的外墙空调乱挂，回廊，封闭成了住房；楼顶，安装着铁栏杆和五颜六色的顶棚。

另一张，拍摄的是沙面南街58号，原来是两广盐务局。那幢老建筑上，加盖了几间铁皮房。蓝天白云里，高大的罗马柱高耸着，擎着的，竟是20世纪六七十年代常见的阳台房，件件衣衫在阳台上飘扬，万国旗般滑稽又可笑。

郑博士说，过了十余年，沙面的文物保护问题有改善，但其保护现状依然堪忧。老建筑中，改变用途，使用不当者最多。有的住户，将原来的公务、商贸建筑改成了住宅；有的使用者，将原来的住宅改成办公楼。而每改变一次使用功能，就多造成一次对建筑的损害；每换一次业主或使用者，就更易导致大拆大改。

于是，我和同事来到沙面，拍摄所见情况。

◎沙面南街58号建筑1997年模样。郑力鹏摄镜头1，沙面大街46号。它是国家A级文物建筑，建于明末清初，曾做万国宝通银行（美）。那老洋房，气派豪华仍在，但有人利用其侧面作墙，搭建了两层丑陋的铁皮水泥房，十分刺目。

镜头2，沙面大街59号。它曾经是德国领事馆，当时，楼底下，小商品一字摆开，院子里楼梯上斑斑驳驳，一些卖字画的在此居住，衣物锅子零乱地摆放着。

相机里记录的，比郑博士拍摄的十余年前的照片情况稍好，但那画面，说明沙面的文物保护问题依然严重。于是，我们把专家建议诉诸报端。郑博士呼吁，应重视沙面建筑群的价值，应把它定位于"广州近代历史风貌保护区"。

他大声疾呼，希望政府尽快确定保护规划与修复设计。他说，沙面不可能一成不变，但既要保护其历史风貌，又要发展，以适应今天的需要。而要协调保护与发展的关系，就必须尽快确定沙面整体风貌的保护规划，以及每幢建筑的修复设计。同时，要尽快健全沙面建筑改造、装修的报建、审批和验收制度。

专家的意见是针针见血，在文物保护部门、新闻单位、街道居委会的共同努力下，终于，沙面渐渐地洗干净了丑陋，拆除了脏乱，将那些老建筑保护修复了。

我有幸知道了，为保护广州的历史风貌，几多广州人，付出了一辈子的辛劳与智慧。

也有幸知道了，沙面在修复过程中，比如红楼那样的老建筑要重修，要修旧如旧，且要保证它维修之后屹立百年，人们付出的，不仅仅是金钱。

比如维修红楼，花费人民币1400多万元。但专家们付出的心血，无法用金钱去计量。

在这里，我们仅讲讲技术层面的，修护外墙。早前，人们也曾维修过红楼，但那时，只是简单地给外墙涂上了红漆。

可是，古建外墙要呼吸，要在自然界中呼吸，才不易被损坏。所以，此番维修，专家们先把涂上的红漆脱掉，再恢复成原汁原味的红砖清水墙，再做技术保护，

◎精心修缮的红楼门窗，五金件仍是百年原物

◎修缮后的红楼旧貌换新颜。摄于2015年

◎ 沙面是拍婚纱照胜地，图为一对新人在沙面大街54号老建筑前留影

这样，才得以让昔日老广州们记忆中的"女巫的小红帽"，让那座仿如童话城堡的"红楼"，恢复了那往昔美丽的橘红色光彩。

而红楼里那些细小的五金件，比如门闩、窗闩，都很细致地修复一新，来红楼参观的人，根本不相信，它们真的是一百多年前的，昔日帕内他们采用的原件！

关于海关红楼的维修效果，专家们比较满意，他们说，目前，它在沙面A类文物楼中居第一。

而那时，当我走进红楼，见到20世纪的那些百叶门窗、壁炉、铸铁天花时，不由得慨叹，修复好的红楼，不需要放展品，本身就是一座博物馆。

活着的沙面

走进沙面，人们感叹，城市和建筑，真是人类的鲜活史书。经过140多年的历史剧变、社会兴衰、风雨沧桑，沙面发出了历史的回声。

在那些老洋房里，上演了洋行奋斗的故事，国民政府征收的故事，七十二家房客住一幢楼的故事，业主与文物保护机构算计争拗、握手言欢的故事。尽管它们已成历史，但它们有回音有动静，你只要仔细聆听，它们就会络绎演出。

当然，如果你只是一个游人，只在沙面作片刻停留，你可非常轻松地举目四望。你看到，珠江滚滚，白天鹅宾馆里，走出一群老外，老外们每年都到中国来领养孤儿，现在，他们推着中国婴儿车，到街上散步。你继续往前走，你可以看到许多新人在拍婚纱照，他们与老洋房和古树一起，成了沙面又一景。

如果你不急着赶路，可与沙面人聊聊天。那天，在沙面做了3年生意的陈先生说，他数过，每天平均都有20对左右的新人在这里拍婚纱照。彼时，我在一幢老洋房前碰到一对新人，新郎说，他们是外地人，在广州当老师，听朋友说沙面是拍婚纱照胜地，就来了。到了沙面一看，真的很有特色，是不是老洋房坚固，在这里照相，可以代表天长地久呢？

同时，沙面也是附近居民的乐园。沙面古树特多，100年以上树龄的有154棵，沙面最老的一棵古樟树，已逾300年，它枝繁叶茂，直径足有165厘米。

一老人家每天都在离这棵古樟树不远的地方，读书休息。他说，沙面空气好，干净安静。今年他79岁了，从1988年退休起，他每天早晨步行15分钟，到沙面来走路健身。围着沙面行一圈，就坐在这里看书看街景，有时与一帮老友聊聊天。中午，回家吃饭休息后，没事就再来。

◎建于光绪十六年（1890年）的天主教露德圣母堂，已修缮一新

一位商人与一老外做完生意后，对我说，沙面的治安特别好，你信不信？你身上放十万二十万元，绝对没有人来抢！

沙面有一些喝咖啡喝茶的地方，可以坐着休息发呆。在星巴克，我要了一杯拿铁，坐在前廊慢慢啜。屋内一帮出国留学办证的学生在小声笑着合影。俩小帅哥操流利英语，麻利地做老外生意，递给老外所需的咖啡。

一年轻老外端着大杯咖啡坐在我对面。拿了一本书，脱下球鞋，看看周围无注意目光，遂盘腿蜷到沙发上，点燃一支烟，歪着，像在自己家里，十分惬意地读起书来。

廊外花园绿肥红瘦。鸟语声中，远远一位穿着雪白婚纱的新娘坐着休息。新郎累了，也抱膝而坐。他们面前有一个中年男人抱着小孩走过。沙面静谧，似乎是人生驿站，咖啡机轻响着，我杯里的拿铁香滑，又一老外牵着一中国小孩进来，小孩踮起脚取大纸杯要咖啡，老外"No，No"地说着，给小孩要了杯橙汁。

沙面人说，星巴克是老外们打尖的地方。那个白天鹅宾馆，因英国伊丽莎白女王二世，德国总理施罗德，美国前总统尼克松、布什等近400位中外元首和政府首脑曾在此下榻，很有名气。每年，欧美友人来华领养中国孤儿，他们到广州为孩子们办证，多住在白天鹅宾馆，因此，沙面常常有成群结队推着童车的老外走过，成了沙面温馨一景。

因沙面有老洋房，因它现在仍有外国领事馆，老外多，也因为在沙面做生意的多操流利英语，人们感叹说，沙面真是一个西洋气息浓厚的地方。但你只是一个游人，你如我一样，此时在沙面逛累了，就跑去喝咖啡吃面包。也可以吃中餐。还可以到附近的六二三路，像广州市民那样吃海鲜。那里的酒楼热闹非凡，鱼虾是从珠江或更远一点的海上新捞上来的，岸边现称现买，而后让酒楼加工，热腾腾地端上来，那鱼虾的味道，据说十分鲜甜。

◎广州雕塑院创作的《世纪丽人行》。
摄于2015年

黄埔村 非常古村落

黄埔村是广州的一个古港口，一个具有典型广州特色的侨乡。从这里先后走出了梁经国、梁诚、冯肇宪等历史名人，他们于历史深处诉说着古村落的荣光。

◎1548年左右，广州黄埔村外水面便开始有外国船停泊。图为今日黄埔村牌坊，书"凤洲""黄埔村"新旧村名

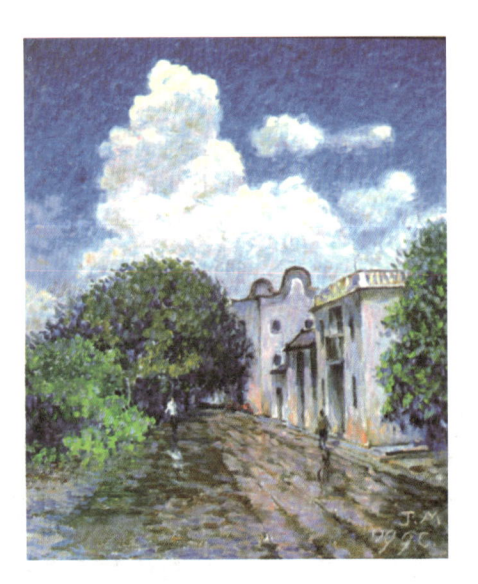

◎黄埔村街景（2011年拍梁建明油画）

秋日，雨后，一江宝蓝波光，静卧在山岭环抱中。远处两山夹水处，一白色大轮停泊着。这就是著名的广州黄埔港，它的背后，是一条不大的黄埔村。

村庄洁净无尘。麻石板路湿漉漉地，远伸着，与蓝天白云相连。巨榕苍翠，华盖阴凉，遮蔽了那高高耸立的镬耳封火墙。

两位村民，身影小小，一个，急匆匆到村边去收网，另一个，则去黄埔村博物馆上班。油画家陈雪敬、梁建明带着我，穿行在90余处古建民居中。

古村荣光：繁荣兴旺"丁财贵"

陈雪敬不善言辞，领我到正在修葺的梁氏、胡氏、冯氏宗祠转转看看。路上，他回答我说，村中有2000多户人家，6000多位村民。前几年，村里为保护古建筑，就允许画家租借古祠堂古民居，这样，他就租借了间古祠堂，在黄埔村潜心创作了。

油画家梁建明是黄埔村本地人。也是为保护古祠堂，他在"晃亭梁公祠"里建了"凤埔艺术馆"，上文描写的黄埔风景，便是依着梁先生的三幅油画展开而来。

　　梁公祠庭院深深，古意趣致皆是岭南特有。望着那精细石雕石柱与五彩陶塑，我与画家们一起欣赏、赞叹，更感慨它们间间毗邻，在村中连成了祠堂街。

　　一低头，就明白，自己找到了这岭南村庄独一处。往昔黄埔村，它是村又不是村：它有阡陌田野，近村边，又有支撑大清财政的税馆、买办馆、夷务所，及兵营。

　　这条村不大，街上店铺却不少：有茶肆、食肆、专为洋人"修整洋船"的木匠铺、漆匠铺、铁匠铺、为洋船补充食品的食杂店，等等。

　　至于此处村民，身份都好特殊，他们亦商亦渔，或亦商亦农，村中当年竟有72位买办，更有无数大名鼎鼎的国家栋梁和各界精英。

◎前几年，黄埔村为保护古祠堂古民居，允许画家租借使用。图为画家陈雪敬租借的古祠堂

◎图为祠堂街上的"晃亭梁公祠"，亦是"凤埔艺术馆"

◎画家笔下洋船云集的广州黄埔港

那天,梁建明拿出一本手抄的广州市文史馆《文史纵横》来,小心翻开了一页,说,你看看,那时黄埔港多热闹!1789年贸易季,"停泊在黄埔的,有英国船61艘,美国船15艘,荷兰船5艘……共有86艘船!"

我惊,86艘外国船,成群结队地,大片大片地,停泊在黄埔港,那,应该是什么景象?梁先生笑,说,那,应该是,帆樯鳞集,生机勃勃,色彩斑斓,就是这样的水上一幅画。

接着,梁先生又翻一页,说,你看这数据:1817年,广东外贸进口总值2348万元,由黄埔港进口的,就有1971万元!差不多是全部货物,都集中在黄埔进口了!

我因此兴奋,也想了解更多细节,两位热心的画家,便找来熟悉村史的冯叔。他带着我,行到夏阳大街、吉辰大街、青云里、乐善里,凑近了,去看那些个门脸西式、后院中式,荒废了的偌大民居。

指着那些"豪宅",冯叔说,当年,黄埔村在广州,是出了名的"丁财贵"。那时,村里有别墅群,有大宅,有九十九洞门的大祠堂;还有,村里道路非常整洁,整条村,没一尺泥路,全由上等的麻石铺成。

我不懂,什么是"丁财贵"?冯叔说,"丁财贵",就是中国老辈子孙代代相传的人生理想。这条村有冯、胡、梁三大姓,因为倚重港口,成了著名的"丁财贵"村。而村中冯家,人丁最旺;胡家,最有钱;梁家,做的官最大。

梁诚　清华之父

老榕树底下，冯叔拿着本本，给我看上面记着的村里名人："清华之父、爱国外交官"梁诚，驻新加坡等三国特使"黄埔先生"胡璇泽，海军永丰舰舰长冯肇宪，留美工科硕士、继詹天佑后的著名工程师胡栋朝……

我的目光停留在了梁诚上。

问冯叔，冯叔就说，村里梁家出大官，喏，刚才行过的夏阳大街，那片空旷的地方，早先是一片西洋建筑群，它曾是梁诚家。当年，梁诚从美国做官回来，建起"香荫""留香""毕庐"等别墅，哇，那一片，好气派！但后来，那片西洋建筑群没有了。而知道梁诚的乡亲，也越来越少了。

我转脸去问梁建明，梁面有歉色，说，其实，他对这位本家，了解也不深。但他知道，梁诚是驻美国、德国、西班牙公使，又是曾国藩、李鸿章派出的120名留美幼童之一，在中国近代史上，是有名的"清华之父"。

◎古村现存的镬耳老屋

直觉告诉我，这走出黄埔村的留美幼童，这"清华之父"美誉背后，定会有超炫出色的故事。

于是，接着2010年的采访，我去到广州市图书馆等处，多次寻找详细的梁诚却不得。

不甘心，就数次再去黄埔村。

行过夏阳大街，又去叨扰陈雪敬。坐在他的祠堂画室喝茶，风儿吹过，就静静地倾听老祠堂发出的年代久远的动静声响。

一次秋色漫染。一缕阳光，刚巧落在画家那幅"叼烟斗的黄永玉"油画上。黄老在画里微笑。一直在笑。一会儿，香烟氤氲，老头子叼着烟斗，晃晃悠悠的，晃出了三个人影；在湘西，在苏州，在佛罗伦萨，老人家捉住生活片段，以艺术与真情，写出、画出了对世事的思索与理解。

当然，村里诸多艺术家的创作状态，也像在催逼我，让我觉得，应该将黄埔村的丝丝缕缕，比较艺术地编织起来。梁诚的素材虽然不多，但一个人物速写，在苍茫大海与黄埔港之背景上，也可以，去勾画落笔了。

◎ 黄埔古港入口。牌坊书"古港遗风"，右旁有"粤海第一关"纪念馆

黄埔梁家出人物

梁诚，1864年生。他的祖辈，大约在明初，从广州番禺北亭，迁到了黄埔村中。

彼时的黄埔村很乡下。村边有椰树，珠江有打鱼船，村民们住在蚝壳屋里。梁家祖上，与村里的胡、冯居民一样，都在小村中建立基业，打鱼种地，生儿育女。

也许，明嘉靖二十七年（1548年）左右，梁家有女儿嫁到了黄埔村。黄埔与番禺亲戚来往，女儿便将村外水面有外国船开始停泊的事情，告诉了梁家人。

梁家女儿不晓得，那时，是葡萄牙人直航到了广州。葡萄牙人说，广州比中国的其他地方更接近马六甲。且，葡萄牙人还发现，珠江主水道边上的黄埔，水深平均都有5米，河床满铺泥沙，非常宜于船只抛锚。

黄昏时分，梁家女儿在江边洗衣裳，她一抬头，就见这些葡萄牙人开始下锚了。她又发现，这些长相奇怪的西方人，把货船停好后没进村，他们跳上小艇，到了13公里外的广州海皮去了。

梁家祖辈很快知道了这一消息。其中智者，察觉到

◎梁诚像（摘自网络）

了黄埔村将有大变化。所以，他们开始了若干次考察。然后，这支梁姓族人，像他们的中原祖先那样，由北而南地迁徙，他们放弃了番禺北亭，渐渐迁入了黄埔村。

于是，梁家开始亲历贸易渗蚀的岁月：康熙二十四年（1685年），清政府开海禁，设立江、浙、闽、粤四个海关。在黄埔村设立了"黄埔挂号口"，掌管中外商船货物出入黄埔村的装卸、接驳、课税；乾隆二十二年（1757年），清政府规定，西洋（欧美）船舶只准到广州贸易。黄埔村民们，便纷纷放下渔网，洗脚上田，特别是在贸易季，家家都围绕外贸做事情。

到乾隆二十五年（1760年），即黄埔港一口通商的第三年，黄埔村中那些低矮的蚝壳屋，乒乒乓乓，隔三岔五地，被有了钱的村民们拆掉了。代之而起的，是那宽大的、二进或三进的、类似广州城中十三行洋商居住的体面院子，在黄埔村里旱地拔葱。

此时，就在邻居噼里啪啦盖房上梁的喜庆鞭炮声中，梁氏家族里，一清贫塾师的儿子呱呱坠地了。梁老师无力盖房，他在蚝壳屋里抱起儿子，瞅见窗外珠江涌入大海，心里便宽阔，遂给儿子起了一个响亮大气的名字：梁经国。

小经国的父亲，却因操劳过度早早离开人世，没机会看到儿子的辉煌未来。小经国上不起学，便与村中小孩一起，白天到离家30多里路远的广州城做小贩生意，晚上再帮妈妈织布，娘儿俩艰难地过日子。

渐渐地，梁经国长到17岁，进了冯氏洋行当伙计。23岁时，娶妻凌氏，渐渐地有了点积蓄。

梁经国工作很勤力，更兼人实诚，深得洋行主与客户信任。有一年，行主出洋因事耽搁了，居然十年没返穗。十年里，梁经国辛勤劳作，冯氏洋行在他的操持下，竟然变亏为盈了。更让众人赞赏的，是行主从海外返家时，梁经国拿出账本，一笔笔，将洋行资本及盈利，全部交还给行主了。

梁经国由此声名传扬，更加大步往前走。到了1808年，梁经国在冯老板的鼓励和资助下，创立了天宝行。但那一年，天宝行业绩在十三行行商里，排倒数第一。可此后，天宝行业绩渐好，排名到了十三行第五位。

清初诗人屈大均在《广州竹枝词》中，如此形容当年十三行的兴隆旺景："洋船争出是官商，十字门开向二洋；五丝八丝广缎好，银钱堆满十三行。"

在十三行，梁经国获得了很大成功。他在广州城修建府邸，据说那三四座大宅子，每座三四进，约有100米长。又在黄埔村中，兴办教育，修建左垣家塾，为子孙族人，绵延不绝福泽。

留美　容闳与梁诚

1863年至1875年，当梁经国与村里乡亲在黄埔港、十三行忙于赚钱时，他的一个族孙，一聪明醒目的小靓仔，渐渐长到了12岁。

这个小靓仔，名字叫梁诚。

梁诚出生时，黄埔村已经富裕殷实，几乎家家都盖起了新房。梁、胡、冯三姓大族，都在村里建了祠堂及家塾。小孩子们，天一蒙蒙亮，就背着书包去读书，到了贸易季，先生们就放了假。家里缺人手的，小孩就到街上铺头去帮忙；家中富裕请了雇工的，小孩便要加紧背功课。当然，这个季节的黄埔港热闹非凡，江面上，时不时有远方的商船加入进来，这时，孩子们忍受不住，一定会跑去观看。

梁诚这时已是有经验的大孩子了。他知道，新加入的商船，一定会发鸣谢礼炮，那头一声响过，礼炮便会接二连三齐发，嗵嗵咚，直至响过八响；而港内其他商船，也会一一回敬新船，一声声的，没完没了的，一船紧接一船地响炮。

果然，黄埔村边的礼炮轰鸣成一片了。那些外国水手欢呼雀跃，梁诚身边的小孩子，远远见那礼炮如烟花炮仗般地响，就蹦跳，比画，模仿外国人放炮，嘴里"嗵嗵，咚"地喊着玩耍。梁诚却望着那些大船发呆。他在想，这些船怎么能在大海上走那么长时间呢？大海尽头的国家是什么模样，与我们大清广州，有什么不同呢？

正思考着，梁诚美丽的母亲到街上来了，见到发呆的儿子，便温和地拉起他，喊他回家吃午饭。

几个老外海员上了岸，见到美丽的妇人，便转动着不灵活的舌头，问梁诚妈妈，这里，是不是"黄埔村"？

梁诚母亲礼貌地回答说，是的，这里就是"凤埔村"。

外国人笑着，学中国女人说话，但是，他们仍然别扭，讲不清楚，硬生生地，还是把"凤埔村"叫成了"黄埔村"。

梁诚早已习惯了外国人的大舌头。他站在母亲身旁，结实挺拔，浓眉下一双灵动的眼睛，善意地笑了

◎20世纪初，广州十三行商铺毗连

◎容闳像

流年荣光 ■ 197

一下，引得一高人外国人，格外注意地上下几番打量这温和的男孩子。

走过两条街，梁诚回到家，看见族长与父亲在说话。

族长说：现在，政府要招第四批留美幼童去美国，你经国叔家的孙子梁肇煌，推荐保举你家梁诚，到美国留学去。你们想一想，如果决定去，就赶快过来告诉我。

梁诚父亲点着头，连连说着"好好好"，一边就毕恭毕敬地，慢慢把族长送到大门外。

返屋来，梁父端起饭碗，吃两口，咽不下，就放下碗。虽说是梁经国之孙，做了顺天府府尹的梁肇煌保举推荐，虽然所有费用都由政府出，但梁诚毕竟是12岁的孩子，让他漂洋过海，去美国那样陌生的国度，且要冒生死风险，值不值？

梁父站起身，对着妻子欲言又止，颇费踌躇。

与当今公费出国留学像中头彩不一样，百多年前，留学的情况大不同。要明白梁父为何犹疑，必须说下中国近代最早的留学生容闳。

容闳，1828年生于广东南屏镇。南屏离澳门不远，容闳七岁时，因为家贫，便被父亲送到不交学费，还管吃管住的基督教会学校，马礼逊纪念学校（Morrison School）去念书。

容闳入校时，全校有五个中国小孩子，他们上午学算术、地理和英文，下午学习国文。容闳在那里读了六年书。

马礼逊纪念学校的校长是美国人布朗先生，他是1832年耶鲁大学的毕业生。容闳后来回忆说，布朗先生是一位极出色的教师，他热爱学生，花了心血去教育他们，他"性情沉静，处事灵活，彬彬有礼，为人随和，且多少带点乐观主义精神"。

1847年1月，布朗先生做了一件特别的事情，他的妻子因身体不适要回国，夫妇俩便带着容闳、黄宽、黄胜三个中国孩子，远渡重洋去留学，这应是中国人留学美国的第一例。

那天，容闳对母亲说：儿要去美国了。母亲哭了。渔民们喜欢海也怕海，儿子远赴海外，几如生离死别。但容母最终送儿闯天涯，她抹干眼泪，把儿子送到村口边。

布朗夫妇带着容闳他们，由黄埔港出发远行了。当时，苏伊士运河还没开通，帆船要绕道好望角，所以，他们在海上航行了98天。

三个多月里，布朗让孩子们大长知识。到南大西洋圣赫勒拿岛，布朗带他们上岸去凭吊拿破仑墓地。那时，孩子们谁都没有想到，自己也在开创历史。

到美国不久，黄胜因病于1848年秋回国了。两年后，黄宽亦转往苏格兰去学医，只有容闳一人留了下来。1850年，他进入耶鲁大学，那时，耶鲁有500名学生，只他一名是华人。

1854年夏，容闳获得耶鲁大学文学学士学位，成为首个受过完整美国教育，并取得学位的中国人。

在耶鲁大学，容闳确立了希望通过西方教育，改变贫穷、愚昧的中国，让它变成一个开明富强国家的人生目标。

1854年冬，容闳带着梦想回到了祖国。他有机会服务于曾国藩，便向他提出了"留学教育计划"——即由朝廷出资，选送幼童出国留学。

这个计划很难推行。过了近20年，终于，中国启动向西方选送幼童出国留学计划，容闳成了中国近代留学事业的开创者。

但是，容闳招生非常困难。因为，百多年前，美国在中国人眼里，就如早前中原人看岭南一样，是"蛮瘴荒凉"，它的居民，"非常野蛮不开化"。况且，坊间还有传说讲，美国人不喜欢中国人，甚至会剥下中国人的皮，"安在狗身上"！

所以，当曾国藩和李鸿章宣布120名学童所需经费，全部由清廷负担时，家长们仍然觉得出国留学不是好事情。想想看，这是把小孩送到海外，且一别就是15年，还要签字画押，"生死各安天命"，谁会愿意把自个儿的心肝宝贝，往危险路上送呢？

因此，尽管容闳使出了浑身解数，还是招不到首批的30名幼童。他不得不返回老家香山，动员说服乡亲，又在附近县市活动，结果还是没有招满生员。最后，跑到香港才招了几名孩子，凑足了30名，于1872年8月11日，由上海赴美了。

谁都没有料到，这120名幼童赴美留学后，大都华丽转身，登上近代中国舞台，成为各界重要人物，成了国家栋梁。

幸好，1875年，梁诚父亲凭着他在"一口通商"黄埔港的生活经验，最终不再犹疑，同意儿子去美国读书了。

如是，梁诚成了清朝第四批留美学生。孩子们一到美国，便三五人一组，分到了美国友人家里居住，以便学习英语和习惯美国生活。

梁诚颇招美国房东喜欢。他身体结实，相貌俊美，因为生长在黄埔村，早就对外国人不陌生，加上性格温和又有语言天赋，很快，他跟房东太太混熟了。

到了吃饭时间，孩子们照例又吃不下西餐。有人偷吃带队官员从中国带来的腌黄瓜，梁诚咽口水，却克制自己不吃，因为，房东太太告诉他，面包牛肉牛奶更营养，吃了它们，会长得像她儿子一样高。

礼拜天到了，房东说，咱们一起去教堂做礼拜吧？孩子们想拒绝，又不好张口，走到半道上，便借故溜走了。梁诚低头一寻思，就坦诚地对房东说，是政府不让我们去呀，规定不能信仰基督教。我们留学钱是政府出的，所以，请原谅，我们不能去。

房东很惋惜，摊开手，耸耸肩。以后礼拜日，孩子们便去逛街玩。他们戴好了瓜皮帽，穿上蓝缎褂和黑布鞋，将黑大辫梳得油亮油亮的。大家觉得干净又体面，没想到，美国人却好奇地盯着他们看。常常，还有一群美国小孩跟在他们背后起哄，有的还高喊："中国女孩子！""中国女孩子！"大家非常难堪，有的还抹眼泪，想家了。

梁诚梳着大辫子，也是非常尴尬。但房东太太却将他们揽进怀里，像妈妈那样安慰他们，孩子一会儿就破涕为笑了。

很快，梁诚进入美国麻省菲利普斯学校学习，很快，他说得一口流利英语，融入了美国同学中。他发现，美国同学特别喜欢玩足球篮球，喜欢击剑游泳打棒球，在运动比赛中，体现出很强的意志力与合作精神。梁诚便加入了棒球队，并成为著名的棒球手。

许多次，梁诚代表学校去参加棒球比赛。1881年，他参加了对爱克特（Exter）争夺锦标赛，用三垒打击败了对手，得获大捷。没想到，美国人对此印象深极了。老美们感叹，一个中国人，棒球竟然打得那么好！

时隔多年，梁诚出任驻美大使，一天外事活动休息时，老罗斯福总统见到梁诚，便笑眯眯地向他打听："你们中国留美学生中，有一个棒球好手，你知道他是谁吗？"梁诚此时还是帅气青年，他笑笑，很直率地回答说："就是我。"老罗斯福略惊，再问："你就是那个在1881年用三垒打，击败爱克特学校，使安多弗获胜的人吗？"梁诚回答："是。"老罗斯福很开心，赞赏地竖起了大拇指。梁诚后来回忆说："从这时起，总统和我的关系增强和接近了十倍。"少年梁诚没想到，当年自己与美国同学在棒球场上的对垒摔打，竟那么有效地拉近了美中关系，上至总统，下至美国官员，竟都对他刮目相看，在庚款兴学时，一个棒球，竟重重地增加了天平砝码。

回过头来，再说1881年，正当梁诚雄心勃勃，希望将来能像师兄詹天佑那样，去上耶鲁大学或阿默斯特大学，更好地报效祖国时，清政府下诏撤回留美学生，梁诚不得已回国了。

但留美六年，让梁诚从黄埔村走进了世界，在经济迅速发展的美国，他的知识结构及思想发生了质变。他学西学，接受美国民主科学政治理念；他在美国建立了良好的人脉关系，同学老师和房东，都成了他的朋友。

回国后，梁诚进入总理各国事务衙门，从此登上晚清外交舞台。1886年，梁诚随张荫桓公使赴美，后升任使馆参赞。从1903年起，他担任驻美公使至1907年，这四年，他为中国做出了载入史册的宝贵贡献——争回中国庚子赔款多出部分开办清华大学，争回粤汉铁路筑路权益等。

我们主要说说清华建校的故事。

1904年，驻美公使梁诚与美国国务卿海约翰，正在交涉庚子赔款偿还方式，海约翰有意无意地撂了句："美国所收庚子赔款原属过多。"梁诚听罢一憬，立即跟进打听，果然，中国对美赔款只一半就够了。

赔款可以打五折，这消息对中国来说，真是太好了。但怎样做，才能将多付的银子收回来呢？

梁诚多方入手，更一次次去拜访海约翰。他恳切得体地对这位国务卿说："各国若将赔款核减，于我财政殊有补益，贵国如能倡首，义声所播，兴起闻风矣。"

海约翰听梁诚此话很入耳。所以，海约翰表示支持梁诚倡议，并让驻华大使柔克义，起草退还部分庚子赔款备忘录。

梁诚心里明白，虽然海约翰支持自己，但要美国把庚子赔款3200多万两白银（合美金2400多万元）退回一半，可不是件容易的事。

他开始在美国多方游说，在外交场合一遇到罗斯福总统，便利用总统欣赏"棒球好手"的"私人关系"，争取总统支持，退还超额部分。

但是，退款进展得并不顺利。

因为，支持美国退款的国务卿海约翰，不久就因病逝世了。到1905年，中美关系又一度陷入低谷，美国政府也把该要求束之高阁了。

但梁诚仍然锲而不舍，他用一口流利英语，在外交场合，在美国朋友家里，争取各方支持，竭力推动美国早日退款。当朋友问他，为何如此费力劳神时，他说：我这样做，是"省一分之出款，即裕一分之国用，即纾一分之民力"。

就在梁诚坚持努力的同时，1906年，著名汉学家、美国传教士明恩溥回到美国，罗斯福总统邀请他在白宫共进午餐，就有关中国问题咨询明恩溥。

明恩溥趁机谈起了退款之事。他提议，用这笔款项吸引中国学生到美留学，并拿出一部分在中国办学校。那天，明恩溥与罗斯福谈得很投机，就此问题研究到深夜。

1907年6月15日，梁诚接到美方正式照会，声明美国总统答应在议会召开时，将讨论退还庚子赔款余额一事。

1908年，国会同意批准了罗斯福总统提出的建议，美国退还半数庚子款，用于资助中国学生赴美留学。同时，批准在北京开设一所预备学校，由美国监督庚子赔款的使用和办学标准。这所学校就是清华学堂，后来更名为清华大学。

至此，梁诚努力四年，终于与明恩溥一起促成了美国将半数庚子款1160万美元退还给中国。

梁诚，也因此被誉为"清华之父"。在美国，麻省菲利普斯学校在一面世界地图墙的右下角，贴有此校近20位最出名学生的照片，鉴于他的出色表现，中国梁诚的照片，也在其中。

在中国，学界公认梁诚是卓越的外交官，更有高度评价称，梁诚索回庚子余款，赎回筑粤汉铁路权益，制止不人道的美国、墨西哥"华工契约"，改写了"弱国无外交"的局面。

在侨胞眼中，梁诚值得敬佩尊重：旧金山大地震，梁诚募款助赈，亲临此地派人建简易棚；出任驻德公使，梁诚接济了许多留学生，钱实在紧张，他就抵押使馆房产向德意志银行贷款，来资助留学生。

梁诚激励了一大批中国外交家。顾维钧首赴美国，发现当地侨胞对梁诚非常尊重，顾很感慨，说，梁诚对他产生了很大的影响。

名人不归田 古村成遗存

尽管黄埔村的辉煌已成过去,这条近海古村落也在消解之中,但当代村民仍在奔波,努力去绵延村中的昔日荣光。它开放包容,务实低调的精神,它曾经的光荣,已深深浸入村民的血液里。

◎黄埔村入口。不远处有黄埔公园及黄埔古村人文历史博物馆

    黄埔大港，买卖兴隆，黄埔古村，更孕育了梁诚、"黄埔先生"胡璇泽、海军永丰舰舰长冯肇宪等许多近代名人。他们是黄埔村各家族的骄傲，也成了后辈亲切鲜活的人生榜样。

    尽管黄埔村的辉煌已成过去，这条近海古村落也在消解之中，但当代村民仍在奔波，努力去绵延村中的昔日荣光。他们寻找祖辈的宝贵思想精华，在外地工作之余，有人回故乡保护古祠堂，整理族谱。留在村中的村民，则舞龙飘色，尊老爱幼，定期热闹吃大盆宴。

    现在，他们让文化遗产物化了：村头修建了博物馆，恢复当年的黄埔税馆、永靖营（兵营）、买办馆、夷务所；他们争取到政府支援，准备用若干期工程，重现古村面貌。

    因为村民及政府的努力保护，黄埔村在中国城市化、城镇化的浪潮中，没有被蚕食掉。我们这些广州客家人，赖此才得见那份宝贵的历史遗产。因此，我竭绵薄之力记录，谨以感谢高水位的黄埔村人。

◎ 胡璇泽像

◎ 胡栋朝进士碑

"黄埔先生"星星闪烁

在采访的日子中，我深切感受了村民们发自心底的那份尊崇。这尊崇，不仅来自他们和先辈之间的那种血脉相连的亲情。他们再三强调说，先辈们"对近代中国做出了贡献"，这让我明白，这些黄埔村民，水位不低，心怀宽广。

下面，就来转述一下黄埔村民仰望的家族明星，他们非常尊崇的几位近代名人。

胡璇泽，被新加坡人尊崇为"黄埔先生"，在岭南近代史及华侨史上大名鼎鼎。其地位，应与梁诚相伯仲。

胡璇泽十五岁就出洋做学徒了。后来，他成了新加坡巨富及著名侨领。清政府、日本、俄国，因此都任命胡璇泽，说：你代表我们，去做驻新加坡领事吧！

胡璇泽当之无愧地被新加坡人称为先驱。在圣陶沙"历史世界"里，摆放着胡璇泽的蜡像，而现今新加坡的黄埔路、黄埔民众联络所，也是为纪念胡璇泽而起的名。

胡氏家族宗祠前，立有美国康奈尔大学工科硕士胡栋朝的纪念石碑。胡栋朝回国后，被钦点为翰林院庶吉士，他为中国铁路建设做出贡献，是中国铁路史上自詹天佑后的一位著名工程师。

让冯家后代最骄傲的，是民国初期的海军永丰舰舰长冯肇宪。1922年陈炯明叛乱，冯肇宪亲迎孙中山到舰上避难，并率永丰舰官兵与叛军激战数十天，为孙中山先生的安全和脱险立下功劳。

冯家还有一位冯锐，对中国近代史也贡献多多。冯锐留美回国后，于20世纪30年代出任广东农林局局长。他办起了糖厂，培训工人，为中国制糖工业做出了重大贡献。

黄埔梁家除梁经国、梁诚外，还出了梁询、梁广谦、梁同新、梁肇煌、梁广照等中国近代史上的知名人物。现代史上，黄埔村还有梁方仲、梁嘉彬等著名大学教授、经济史学家。

那天，年过七旬的梁伯讲完梁家的光荣，合上家谱，好生感慨。他说：梁家旺了七代，出了这么多优秀人物，威水呵！

祠堂传留文化遗产

黄埔村为什么名人辈出？这与村中祠堂早年重视教育关系密切。

在传统中国，祠堂就是农村基层组织，宗族的经济文化教育等活动，都靠它来落实，其作用曾不可替代。中国历史上，曾有诸多著名祠堂，人们最熟悉的，有宋代名臣范仲淹建立的家族义庄，它历经千年朝代更替、社会动乱，仍然保留兴旺至清代。

在那个时代，朝廷官员视"解甲归田""告老还乡"为好归宿。回到家乡，这些名人成为家族脊梁，他们拓宽了族人视野，又有行政管理经验，更有其无声的榜样力量，他们为祠堂建设，为保持家族"丁财贵"，起到了梁柱作用。

但近代黄埔村的名人们，因种种原因没有回到家乡贡献余热。

我们在黄埔村能够看到的，是修复后的古祠堂，它格局仍在，气派宽敞；它做工精湛，维修后，基本上恢复了岭南古祠旧模样。

人们进入古祠，立刻感到时光倒流，门外就是当代生活，身后，那厚重大门一关闭，吱呀闷声中，一切喧嚣热闹，都隔在了时代那一头。

古旧祠堂里老榕阴凉。那个年代之社会管理、文化教育、休闲娱乐、族内福利与服务、风俗教化等光景，就装在这宗祠里，也在斜阳中，穿过门楣石坎，涌进来。

最先进来的是一批活蹦乱跳的小孩子。

梁伯说，早前，宗祠负责教育子弟，供他们读书，

◎清嘉庆年间，清政府为表彰梁经国踊跃捐款公益，特许建左垣家塾

流年荣光

梁家子弟，上小学都在祠堂里。

很快地，小孩子都长高了。

其中佼佼者，考上了广州的中学，太公（族长）就让祠堂出钱来供读。又因广州离村庄远，要坐船行走小半天，太公就决定，在广州建一座市馆，供子弟落脚休息。

很快很快，那些男孩子没了辫子，穿起了学生服，走进了近现代，他们考上了著名的培正中学读书，然后，他们去到海外留学，再返家为国出力了。

然后，祭祀活动涌进来。族人们按序而立，开始祭祀。香火袅袅，人人端肃，太公站在祖先牌位前，昭明家族美德和功业，讲说本家名人道德境界丰功伟绩。老人家白发飘飘，鞭策后人光耀祖，后生晚辈，就在庄严仪式中明白了，应该如何做。

当然，现今祠堂里，族人已不再举行祭祀活动。黄埔村几间大祠堂，虽也设立了祖宗牌位，并将那些楹联、匾额、绘画、雕塑等除尘上漆，加以维护，但那只是想让族人后辈不忘家族文化，懂得做人做事的准则规范。

比如，"主山冯公祠"的正门牌坊上，镌刻着劲拔有力的"树荫"二字。"树荫"寓意，当然是讲祖先之德蔽荫后人；牌坊左右，则分别镌刻"凌云""倚日"，它告诫后生仔，虽说有祖先庇佑大家，但只有自树凌云壮志，拼搏努力，才能腾达于天，倚日而立。

可以想见当年，阳光照进祠堂，云朵行在高天，冯家子弟在此读书，琅琅书声中，抬头就会看到"凌云""倚日"，那些孩童，心中陡生激动情怀，日日进取，再上层楼，出人头地，光宗耀祖，种种热血沸腾，都在这特殊的环境中生发出来了。

读到这里，你可能会如我一样，问，祠堂要供孩子读书，还要负责文化娱乐，它靠什么来维系运转呀？

稍后我明白了，它靠族产来供应支持。且，古

◎ 翻修一新的冯氏大宗祠。摄于2013年

◎ 主山冯公祠牌坊刻"树荫""凌云""倚日"，激励入读后生，也激励在此创作的画家

老中国名门望族的宗祠，都拥有相当田产，像宋代范仲淹的家族义庄，直到清代仍有田3000亩，其文正书院，有田1100亩。

黄埔村祠堂的族产，当然不可能有地1000亩。但这条小村在黄埔港一口通商后，前所未有地获得了丰厚收入；加之清政府依靠宗族管理基层，又做了承认族规法律效力、祠堂审判权的制度安排，这个时期，黄埔村便修建了非常多的祠堂，仅冯家祠堂，在村中就有20多间。

这样多的祠堂，当然与中国大地的其他祠堂一样，要负责用圣贤之道教化村民。这教化，通过各种方式渗透到村民思想中。

比如梁家，将家训放在晃亭梁公祠内，在一牌匾上大书"师俭堂"。而祠门口一副对联，将这家训简洁地解释了，这就是"处世有良规刚柔并济，治家无别法勤俭交持"。

又比如，族内会设立家法，严禁族人违规行事。冯叔说，建村较早的时候，黄埔村后生仔较野蛮生猛。一年划龙舟比赛，黄埔村"九龙去，十龙回"，别村的龙

◎ 祠堂文化值得研究

◎ "海傍东约"牌匾

◎ 家族教训浓缩于祠堂对联之中

舟被后生仔抢回来了。族长见后大怒，重责后生并施以家法。同时，又加了一条族规，以后偷抢别人东西，就要敲锣游街，并要赶逐出村。严令之下，黄埔村民渐渐知礼温良，"大姑娘村"，也就成黄埔村的外号了。

说话之间，日头就近午了，我询问，黄埔村走近当代，各宗族还有凝聚力否？

冯叔摇摇头，说，当然，凝聚力远不如祖先了。但是，祠堂仍是团结一族的核心所在。村里各宗祠通过办活动，来联络族人感情，增进互动。像冯氏家族，每年都要在这里开会，商讨公益大事，组织大家在三月三和清明节搞活动。

他介绍，每年到了三月三"龙抬头"的季节，黄埔村就会舞龙，玩飘色。冯氏家族，还把在生的41岁至101岁的男人名字，都写在匾牌上，挂到祠堂里，名为"出匾牌"。这种"出匾牌"的风俗，是黄埔村仅有，意在祝福族人健康长寿。2010年那年，村里摆酒270围，全村人热热闹闹，十人一桌，近3000名村民在一起敬老联谊。

问冯叔，这样做有何意义？冯叔说，有意义！我们最大的收获是，活动结束了，小孩子知道认祖归宗，向先辈名人看齐了。而成年族人，大家一心做事情，相互更了解，大家很开心，更加团结了。

中西交融　海边瑰宝

近年来，大约是为促进旅游发展，黄埔村的民俗活动搞得很热闹。

除了玩舞龙，玩飘色，"出匾牌"做盛大围宴，据说还恢复了北帝诞等中国岭南乡村的节庆节目。

但很醒目地，这一切活动都在黄埔村那些古老的祠堂、一排排中西合璧的民居、清洁温润的麻石路间进行着。

海风吹来，不时提醒人们，这条近海村庄不是中原腹地，昨夜，它曾帆船云集，杂音繁乱。

因此，我后来再去访问，欲知现代人如何看家乡，如何与它相处的。

那天，在广州工作的梁姐回村了，约好了带我去看她幼年居住的院落。

我们沿着"履仁巷""埠康里""惇慵街"穿行，停步在一处十分安静的小巷。眼前墙垣斑驳。早年，这里应是一座雅致讲究的、中西合璧的两层楼院子。现在，它一把生锈的铁将军把门，隔着门缝，窥见院中杂草丛生，风过处，乱草倒伏，露出了造型特别的满月照壁及趟栊门。

梁姐说，小时候，一直住在这讲究的院子里。大人们讲，这屋主"逃"到海外去了，院里还有一人上吊自杀了。当年，没几人够胆到这儿居住。只有她家和另一本家不害怕，搬到这院子，又好好收拾一番，院子便阳光快乐，整个少女时代，她们都是在这很"小资"的环境中度过的。

◎ "粤海第一关"纪念馆画塑

当年,黄埔村不少家庭已有留声机。梁姐小时候,夕阳西下时,院子里就响起《天鹅湖》的音乐声。家中墙上,挂了不少油画。

而村里的青年也极"洋派",追求女孩,他们会骑马耍帅,记得当年堂姐夫追堂姐,就是骑马绕村一圈跑,才征服了堂姐,把她娶到了家。

姐姐们自然是小女孩的偶像,那时候,她们不知从什么地方,找了乌兰诺娃的雕像回来,又唱歌跳舞,化妆打扮,绝对不"农民",很洋气,很小资,很浪漫。

走出小巷,过夏阳大街,梁姐指着两间祠堂,说那是当年她上的幼儿园与小学学校。又说,早年来黄埔村的朋友,都很奇怪,觉得黄埔村很时髦,一点都不像乡村样。

掐指算一算,梁姐描述的年代,大约是20世纪五六十年代。

是在中国改革开放前,在内地大部分农村还没解决

流年荣光 ■ 209

温饱，买盐买针还需要卖鸡蛋去换的时候。

很早开放富裕的黄埔村，早就知道了"中学为体，西学为用"，将中西方文化交融在一起，富村强民了。

我又去访问年轻一代的黄埔人，看看他们对故乡的印象与态度。

冯先生三十多岁，自小在黄埔村长大，他说，家乡是中西合璧，对这里的一切，他都深深眷恋着。平时，他在外地做事，一有空，便四处搜集史料，整理族谱。

"我觉得自己对家乡负有责任。是承上启下的责任。因为，村中旅居海外的乡亲，人数占到了村民人数的47.7%，将近一半了。他们旅居在外，现在都陆续回乡寻根访祖，他们中的许多人，已经是黄埔老家的第五代、第六代了。"

"他们常常问，我从哪里来？"冯先生说，"但我们无法回答。我们的清代家谱已粘在一块，揭不开，一揭就碎了。到我们这一代，已对不上家谱，代与代之间，又有中断，我们急需整理家谱，否则下一代就更不知道我们从哪里来了。"

所以，冯先生这么多年来，一直在自费续家谱。他说，黄埔村在广东太特别了。从这里走出去那么多优秀杰出的前辈。如果不把家谱续上，让这宝贵的文化断毁在我们手里，实在是太不应该了。

在黄埔古村，处处可以看到人们为保护这块文化瑰宝在做实事。

油画家梁建明常常回家，他的"凤埔艺术馆"，接待了无数艺术家来看黄埔村。那天，坐在艺术馆喝茶，他说，自己也很矛盾很复杂，常常惦记家乡，但每每回到家，看到一些不文化现象，就常常有点烦。

梁先生指的"不文化"很具象。比如，在黄埔村行路，脚下冷不防人会被磕碰一下，踢到断裂的石头与石板。街边，也有色彩怪异，修复工艺粗劣的祠堂。

◎黄埔后代积极保护文化瑰宝。图为正在整理的冯氏族谱

◎村民落力保护古祠堂。图为2011年，胡氏宗祠维修中

梁先生他们看到这，就生气："上好的麻石，被偷工减料，调包了。这间祠堂，这横梁上，怎么能修条龙？！"

一旦发生这种情况，黄埔村的后代，就会与包工队交涉，去修正。

梁姐说，她和家人们每每从广州回来，都要去看看村中的修复工程。他们最担忧的，是修复工程为景观而景观，把村子弄得"伪文化"。

但村委会把古祠古民居交给画家们使用，这些古建筑就保存得比较好。梁、陈两位油画家使用的祠堂，广州画家杨先生、李先生合租的"谷秋居"，广东装帧艺术研究会刘先生的"尚闻轩"，在维修时，都尊重古屋格局肌理，采用轻漆刷旧的修葺技术，这样，令老屋焕发青春，但又不失其古其真。

冯叔说，族内允许画家进村，是因为他们是真的文化人。政府出钱修复古村是好事，但执行过程中，有些监工只顾玩耍，工作时间搓麻将，让一些工程变成了"摇钱树"。

几次采访，黄昏日出中我觉得自己跨进历史之门，进进出出了几个来回。

夕照中，黄埔村存留的90多间古祠堂与古民居，散落在当代钢筋水泥高层建筑包围中。

庆幸的是，村民们东奔西走，不遗余力，保护、守护着这份宝贵的文化遗产。

至今，我仍然感念那天冯叔带着自己绘制的地图，带我行街，讲解当年梁诚在夏阳大街对面，修建的一万多平方米的西洋建筑群"香荫""留香""毕庐"的情形。

我想，一条广州城边的村庄，一条半数村民都到了海外的村庄，能够如此顽强地存留下来，保留百年前的容貌，是因它开放包容、务实低调的精神，它曾经的光荣，已深深浸入村民的血液里。

中国必然会走向"城市化城镇化"，只是担心，它会不会连同这小小黄埔村，这块中西文化交融氤氲的宝地，也裹挟而去？

黄埔村村民与画家们举起了一片手臂森林。那浪潮，会不会在这片森林前面止步，在岭南珠江口，百年古渡头，为历史，为后人，留下这块活化石？

陈氏书院十年书

陈氏书院在『盛世兴文』的潮流中，以家族的凝聚力斥巨资吸引广东巧匠，建成了一座集岭南民间建筑装饰工艺之大成，闻名中外的晚清古祠。

◎陈氏书院建于1888年至1894年。图为2015年的陈家祠

◎祠内石雕是"七绝"之一

在北方一望无际的平原上，见惯了白杨挺立，村庄鸡鸣，宗祠庄肃简朴。及至广州，乍见蓝天白云下七彩斑斓的陈家祠，禁不住"啊呀"惊叹。它太精致华丽，那丰满的色彩歌吟飞扬，那种独特太抢眼，所以，北方有客来，我会推荐说，去看陈家祠吧，陈家祠，最富岭南特色！

陈家祠有得看：一是建筑精美非常，它集岭南建筑艺术之大成，拥木石砖雕等"七绝"艺术，具历史文化永恒之美；二是看展览，这里常有广州民间工艺的绝活儿，比如，2012年春节采访时，我就看了罗日明艺术仿真雕塑作品展、"龙飞陶舞"石湾陶艺大赛作品汇，等等。

现在，我不用急急赶新闻交稿了。我安静地读史养心，我推开陈家祠大门一条缝，"吱呀"一声后，就听见，这大名叫"陈氏书院"的陈家祠，有不少隐疑故事，很有趣。

◎ 陈家祠建筑装饰精巧，富丽堂皇，图为布满陶塑祥兽人物果蔬的屋脊

比如，广东民间工艺博物馆馆长李卓祺先生曾称，陈氏书院是在1888年至1894年的"盛世兴文"期间修建落成的。我惊讶，晚清腐朽，为什么说是"盛世"？

又比如，家族祠堂，本应建在莽莽五岭与云山之外的农村。为什么，陈家在广州西门口外的连元街、荔枝湾福水塘等地占地3.66万平方米，耗时七年，费了无数银两，在城市中，修建一座大书院或大祠堂？

1959年，一代文豪郭沫若参观了陈家祠，大发感慨："天工人可代，人工天不如。果然造世界，胜读十年书！"

"十年书"是什么概念？

以郭老学问，广州晚清，昔日城市，山峦阡陌，书院祠堂，以及它背后的广阔背景及实在数据，该是历历在目，真实确凿。

那是一段诡异丰富的历史。腐朽新生，后退前进，近代发芽，果然造出世界，让我们后人临此地，看见真实，一游胜读十年书！

1888，盛世兴文

陈家祠的好，去过的人都会点赞。

但，这间装饰绝妙、富丽堂皇、极具文物艺术价值的大书院，"文革"中险被砸毁。此后，它又被多个单位进驻占用，主体建筑严重受损，整个院落蓬头垢面，面目全非。

因此，当它终于恢复美丽容颜，用作广东民间工艺博物馆时，其馆长李卓祺先生写下《盛世修文》一文，感叹国家重视保护此书院，责令占用单位撤出，拨专款令陈氏书院获得了新生。

《盛世修文》一文，又是洋洋洒洒厚厚一册《广州陈氏书院实录》之代序。

我理解这位在书院工作了30多年的专业人士，从内心发出的"盛世修文"的赞叹。

但当我细读此文，发现文中介绍陈氏书院是在晚清"盛世兴文"期间修建的时候，我以为自己看错了。

◎2015年，一阿婆凝望古书院

◎ 盛世富裕，陈氏族人集中财力物力，建岭南绝美书院。图为精美木雕

打小，课本教我们：1840年鸦片战争以后，中国被迫签订一系列丧权辱国条约，清政府便一路腐朽下去，列强横行，人民遭殃，孙中山领导革命，1911年，推翻清政府，中国封建社会寿终正寝。

这段时间，怎么会是"盛世"？

一身冷汗，我去查找当年的历史。

明明白白的，从广州图书馆找来的几本史籍放在案头，打开它们，照片、数据硬生生地摆在那儿，让人不得不重新调整视角，再去看那时代的全部真相。

先说经济：1888年左右，近代企业已在广州崛起。

首先，纺织业大规模兴起，19世纪中叶，广州附近的纺织工场已达2500多家，从业者已达5万人。更重要的是，此时机器缫丝逐渐代替手工缫丝。

清同治十年（1871年），中国首家现代机器纺纱厂——厚益纱厂在沙面建成投产；1872年，广东华侨陈启沅在广州府南海县简村创办继昌隆缫丝厂，开启了中国机器缫丝之端。

其次，官商自办、官督商办、官商合办企业出现：1873年，两广总督瑞麟在广州创建了机器局，主要制造枪弹，为广州官办军事企业之始；1886年至1889年，两广总督张之洞在广州大东门外黄华塘，建成广东钱局，为中国用机器大量铸钱之始；1887年，张之洞又在广州创办石井枪弹厂，引进德国机器设备，生产军工产品。

这段时期，古老的城市里，还出现了官商合办的广东电力有限公司、广州自来水公司等，它是洋务派"求强求富"事业在广州地区的实在业绩。

可以想象，一个城市，从打井担水吃，到渐渐家中接上了自来水；从家家使用菜油煤油灯，到城中有了电力公用企业，逐渐开始用电灯；再加上城中又有全国最早的士敏土（水泥）厂生产水泥，为城中建房铺路提供材料；还有诸如新式机械制造

◎ 祠前壁间有六幅画卷式大型砖雕，立体多层次画面有神话传说、山水园林、花果禽兽等，如民间艺苑一般

业、机器造纸业等兴起，城中技术革命如火如荼，它悄悄地提高着城市市民的生活质量，切实地摆明了，广州已开始由一个封建古城向近代城市转变，难怪，在市民眼中，这段时期，是"盛世"！

再来看1888年左右广州的教育：

1864年，清政府创办的同文馆落成，专门培训外语人才，1905年改为译文馆。

1881年，两广总督张树声在广州黄埔长洲岛兴办广东实学馆。课程设中文、数学、英文等，并同时让外国教习教授驾驶、制造等技艺。1884年后，张之洞先后将其改名为广东博学馆和广东水陆师学堂。

1888年，两广总督张之洞奏准创办广雅书院。它继承广东实学馆不课举业的办学宗旨，并有所发展。它规定学生须住宿，课程分经学、史学、理学、文学，具有了近代新式学校的一些元素，成为当时两广最高学府。

另边厢，西方传教士进入广州，办医院、办教育，为广州带来令人耳目一新的西方近代科学文化、近代教

流年荣光 ■ 217

育体制和教育理念。

1835年，美国传教士、医生伯驾在广州创办眼科医局，1859年，改称为博济医院，是中国内地第一间西医医院。

1872年，美国长老会在广州沙基利埠创办广东第一间女子学校真光书院，传教士那夏里女士任校长。

1879年，美国传教士那夏礼在广州沙基创办和安堂，1888年迁芳村花地，改名培英书院。

1879年，美国传教士、医生嘉约翰在广州创办南华医学堂、惠爱医院。前者是中国首间西医专科学校。

1888年，美国南方浸信会女传道会第一届联会委派容懿美，在广州五仙门创办培道女子中学。1907年迁往东山。

1888年，美国传教士哈巴，在广州沙基利埠，创办格致书院。1900年，格致书院变身为华南最大的教会学校——岭南学堂。1904年，回迁到"河南"康乐村。

1889年，中国传教士廖德山，在广州法政街创办培正书院，1908年迁往东山。

这些貌似干巴的罗列，当年可是实打实地在打夯建校，在广州阡陌山峦上，在四围农田包围中，生生地冒出了幢幢西式建筑和西式学校。

彼时，除了这些适应经济发展及洋务运动所需，如春笋般冒出的新式学校，还有大量的适应科举考试的贡院与书院。广州有著名的四大贡院，更云集了百多间书院。

试想，在广东乡下的学子及家长，听到广州城里有这么多的官学、科举文场贡院，有这么多近代学校、学堂开办得热热闹闹，该是多么羡慕向往呢！

对普通老百姓而言，只要有工做，有钱赚，有余力可供子弟读书，有那么多的书院和学堂可以选择，且，那段时间还没有打仗，社会还算安宁，这大概就是"盛世"了。

而彼时的知识分子，看到城中近代企业兴起，西方教育进入，社会出现两千年未有之变局，广州又最早对外商贸，得洋务运动之利而走在中国的前面，如此状况，彼时当下，断定广东广州局部为"盛世"，也许应该是情理中的事。

想起广东香山郑观应，1892年编撰了一本风靡一时的警世书，名叫《盛世危言》，这个"盛世"，指的也是晚清社会。针对其弊病，郑发危言，开良药，用"开议会、发展工商业、与外国资本'商战'"等主张，希望解决"盛世"问题。这种情形，与我们打小熟记的课本描述之社会，真的是大相径庭，相去太远了。

1888，祠堂建在城市里

搞清楚了"腐朽"与"盛世"，我明白了陈氏书院李馆长，为什么要用"盛世修文"为题，为《广州陈氏书院实录》作序了。

他说，"作为广东72县陈姓合族祠的陈氏书院，也是在这'盛世兴文'期间落成的"。他沿用了早前人们对19世纪广州文化、教育、卫生等事业处于中国领先地位"盛世兴文"之描述，很客观地讲述了一个事实：坐落于广州城西的陈氏书院（俗称陈家祠），筹建于清光绪十四年（1888年），历时七年，于清光绪二十年（1894年），举行落成典礼，迄今已有一百多年了。

脑筋拐了个弯，就更明白不要太懵懂，太信那些教科书了。它们应人之需打扮剪裁历史。我们，应该到葱茏大地及茂密树林里看看，转转，想想，就会对彼时社会，了解得客观整体点了。

如上文所列，那个时期，广州兴建了一系列著名的书院、学堂。像培道中学、格致书院、广雅书院等，它们如劲拔春树生机勃勃，先后在珠江之滨扎根长大。

陈氏书院，就在这波潮流中，聚拢巨大财力，吸引广东名匠，集广东民间建筑装饰工艺之大成，建成了一座恢宏绚丽、后来在中国南方建筑史上名闻中外的晚清

◎民国初期的陈家祠

古祠。

陈氏书院的地位，若按官方等级描述，即是，被国务院批准，于1988年（即1888年建祠一百周年后），列为全国重点文物保护单位。

陈氏书院，又是广东72县陈姓合族祠，所以，俗称"陈家祠"。

问题是，这祠堂一般应该建在乡村，它怎么可能建在城市，且，又真的设了11个神龛，有12,510个牌位，让广东72县，近者东莞、清远，远则吴川、阳江，还有雷州、连州、韶州、潮州的陈姓人，千里迢迢，来到广州拜祖宗呢？

我低下头来，再去晚清民国，读广州陈家祠。

闭眼往前走，只见晚清城中，平房连片。濠畔街是闹市区，那里天下商贾聚集，街两旁大多是卖百货的。城南城西繁华，熙熙攘攘，生意热闹，小商小贩们"持一二钱之货，即得握椒，辗转交易，可以自肥"。状况有点像今天乡下的县或镇。

而同时，广州城地域也在扩大，成为广东的政治经济文化中心。城中，广东贡院举行着三年一度的乡试，广府学宫、番禺学宫、南海学宫，住满省内学子，而乡下考生，则纷纷上路，到省城参加科考。

除了参加乡试的学生，前往广州道上的，还有诉讼、纳粮、做生意的人们。往往，一天事情办不完，夜晚累了困了，就需要找店住下来。

但那时广州客店不太多。与广州繁荣的港口外贸、与生活方便的十三行相比，不是买办的广州人好像有点笨，好像还没想到要多建旅店或酒店来赚钱。

总之，那时士子到广州赶考，就会"半肩行李，皇皇谋一夕地"。孩子们行路挑担太辛苦，让各地乡下宗族太公很心疼。老人家们，便想在广州修建落脚处，像黄埔古村，太公就决定了在广州建市馆，好让子弟们到了广州，有落脚休息之地。

就这样，广东各地乡下"郡之著姓"，纷纷开始在广州城中买地造祖祠。祠堂建到城里，插在街

◎旧时乡试考场

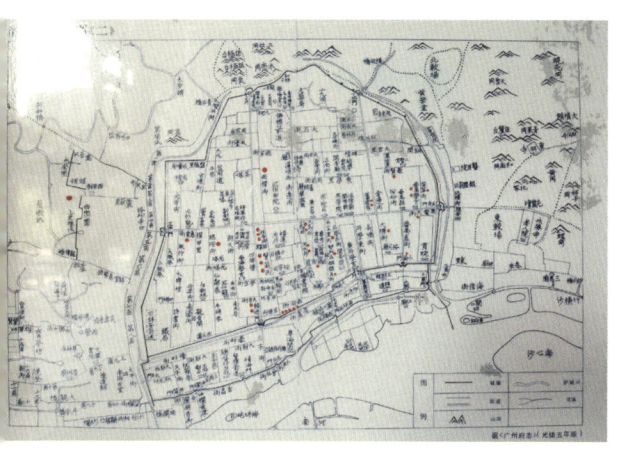

◎ 清代广州城中各姓合族祠（部分）之分布图

◎ 民国二十三年（1934年），陈氏书院内举行的一次入主升座仪式

巷当中，或间隔排列，或遥相呼应，就如面前这张广州城明末至民国老地图，勾点出各姓合族祠30余处。祖祠建到城里，成为那时正常一景。

但合族祠多了，就曾"把持讼事，挟众抗官"。咸丰、光绪年间，广东官府便两次较大规模地行动，去取缔广州城中合族祠。

然而，文献资料证明，清代至民国，这些合族祠不但没被取缔，而且一直都在不断重建和新建。

是城市发展，农民进城，支持了合族祠被需要。而进城的人们，又不断寻求其合法存在，不断调整"合规语言"：或邀请族内做官者，来主持兴建和管理；或用修谱、供奉祖先牌位、举办春秋祭祀等，努力营造正统形象。而中国各朝代都重视教育，所以，这些祠堂又做成书院，像陈家祠，于1888年筹建时，就用陈氏书院做招帜，并以与罗致"品学优长之士""造福岭南"的广雅书院为邻做广告，令陈氏书院落地生根并与时俱进了。

当代陈家祠　盛世修文

上文我讲过，客从北方来，我必介绍，并不厌其烦地，一拨一拨地，带他们去游陈家祠。

流年荣光　221

推开陈家祠这道门，就有亮光照进来，门枢转动，人们便可各取所需，去发现社会学、历史学、民俗学、建筑学等各种式样的宝贝。

最最表层的，最先入眼的，就是它独占鳌头的岭南建筑格局，与精细的装饰艺术。

陈家祠建筑格局之不同处，是其左右外侧，均设带有廊道的厢房（庑），并以廊代替了青云巷，做成了独特的"三路三进两庑九厅堂"的布局。这个（庑）厢房，是供子弟赶考、纳税落脚之用的。

而陈家祠的装饰艺术，遍布了祠堂庭院，那屋脊斗拱，山墙回廊，露台门楣上，处处有木雕、石雕、砖雕、陶塑、灰塑、铜铁铸等工艺品。它们生动逼真，技艺精湛，雕刻精细，绝非乡间粗糙的雕刻品。

能够在占地3.66万平方米的地盘上，修建如此精美的陈家祠，得力于在粤陈姓商人募集了数百万两白银。

这数百万两白银建成陈氏书院后，历经时局变

◎21世纪，蓝天下不断有飞机掠过，与陈家祠厅堂屋脊上的世纪陶塑人物遥望

◎ 陈家祠木雕凝聚了广东木雕的精华

化及战乱，绝美的陈家祠受到破坏。及至1959年，广州为保护、维修并用好陈家祠，在此设立"广东民间工艺博物馆"。1979年，政府又多次拨款维修整治，令此博物馆复馆面世。

此民间工艺博物馆的设立与运作，使得"盛世修文"落到实处。

广州街坊说，他们经常去陈家祠看展览。这里常有广绣、牙雕、剪纸等广东民间艺术展；那年春节陈家祠展出"罗日明艺术仿真雕塑作品展"、"馆藏景德镇民国彩绘人物精粹"、"龙飞陶舞"石湾贺年生肖陶艺大赛作品汇，通过它们，我近距离地了解到，广州民间艺术真的好丰厚！

那天，我去看"罗日明艺术仿真雕塑作品展"，进到展室，瞅见一堆人站在西墙角。心里很诧异，这样一堆人，挤在墙角做什么？

忽然，有人走动了，有人离开了，而另一半人，则一直站在原处。我愣怔一会儿，才醒悟过来，发现，那不动的，不是人，是假人，是很像人的高仿真人。

忍不住，就笑起来，再去看另外一组高仿真人。

这是一组不同时代的三个老人。

◎ 陈家祠1958年修缮后辟为广东民间工艺博物馆。图为2011年作者（右二）与高仿真人在一起。姜滨摄

流年荣光 ■ 223

两个穿长衫的晚清老人坐着，一老拿账簿，一老正襟危坐。一穿着时髦的当代老人趋近。他俯身向着持账簿老人，好奇惊讶的表情似乎在问：你二老，在计算什么？

三个老人，于同一空间如此真实地并置，实在让人忍俊不禁。

这位当代老人，应是孙辈或重孙辈了。创作者抹去了时间阻断，在同一空间里，让他们仿如真人一样地鲜活对话，再次让我感觉到"盛世兴文"与"盛世修文"相隔的路并不长。

与罗日明聊天，知道他早年创作油画，从2004年开始，才专心创作仿真雕塑。迄今，他为孙中山大元帅府创作了蒋介石、胡汉民、廖仲恺像，为陈李济博物馆创作了制药工人像，为江门五邑博物馆创作了美国华工系列场景等100个仿真人。

"今次做的三个老人最满意。在自然光线下，他们的皮肤已有人油的感觉。因此，我不打灯光，用自然光，让观众近距离观赏，甚至可以看到他们的毛孔，手指甲，眼角里面的肉，尽力做得像真人一样！"

我从此更了解了广东人。他们，有一批像罗日明一样的，专心致志、全心全意投入进去，一门心思做艺术的人。

也知道了，这是一种传统，有了这许多认真投入的人，才会有陈氏书院精细绚烂的七绝工艺，才会有保留至今的，诸如石湾陶艺、广绣精品等民间艺术。

我很开心，这次重读陈家祠，像极了某日我驾车时，无意中推了下后视镜，忽然，我发现视野一下子加宽了——我看到了驶过的道路就在背后，飞驰的汽车就在背后，楼房与山峦、云彩与电视塔飞快地倒退着，而这景象，是我从前没有见过的。

顺带说一句，很有意思的，陈家祠的雕刻极富广州地方时代色彩，那些民间艺术家像是信手拈来，他们雕刻中国民间独角狮、蝙蝠钱，也雕刻那些被西方传教士带来的，长着翅膀飞翔的可爱小天使。

陈氏书院，一游胜读十年书！

广州黄花岗：货真价实的历史公园

黄花岗与别不同，它是货真价实的历史公园。那些石墓，是石头凿就的中华民族的成长模印，也昭示着，中国用共和取代帝制——这个千年大变革，付出的大代价。

◎2011年，广州黄花岗公园正门

辛亥革命百年那年，广州黄花岗公园，有四万海外同胞前往拜谒，而国内访园客人，也有六万人次。

人们来到这里，是因为这里埋葬着72位辛亥革命烈士。他们用年轻的生命，去撞击摇摇欲坠的封建帝制，为了"推翻专制，建立共和"，他们牺牲了自己，为此，孙中山椎心痛惜，因为，他们都是"吾党菁华"。

辛亥革命百年后，海内外人士从历史、政治、法律、文化各种角度，对它进行深透解读。

在解读中，有各式批评。对黄花岗起义，有反省指，这次起义仓促、草率，是屡次所犯的"输入革命"的错误之一，因为其错误，直接导致了革命党人最优秀分子的大量牺牲。

由此，有一种观点说，七十二烈士死得不值。

也在更广泛的讨论中，人们展开辛亥革命百年遐思，从晚清时期国人及传教士开始引介西学，至立宪派在历史进程中的作用及贡献，至革命与暴力的探讨，再到中国尚未完成的制度探索，还有对孙中山的各种评价。百年之后，人们站在高处，对历史做俯瞰式的察看，试着还原当时那个大变革时代的真实状况。

此时粤港澳，论述辛亥革命的文章几可汗牛充栋，百家发声争鸣，但人们无论如何争论批评，却都还是放不下，仍然要去广州看黄花岗。

因为，黄花岗就是黄花岗。它是一段历史和一个存在。这段历史，不可能假想也不可能倒转，它活生生地在广州，一段一截地，记录着那个起义，连接着起义以后的民国历史，以及诸多杰出人物的人生轨迹。

黄花岗与别不同，它是货真价实的历史公园。

那些石墓，是石头凿就了中华民族成长的模印，也昭示着，中国用共和取代帝制——这个千年大变革，付出的大代价。

今天，黄花岗公园已榕树如盖，松柏掩映，但那股浩气与温暖，仍在天空中弥漫升腾，你若站立在青石纪功坊、中国飞行先行者之墓前，行走在黄花岗七十二烈士墓道间，你会有一种切实的感觉：广州，确是太独特，它亦中亦西、中西合璧，它聚集了太多思想者和行动者。

◎2015年，黄花亭前人们在晨练

孙中山悲怆致祭文

1911年4月27日（农历辛亥年三月二十九日），黄兴率革命党160多人在广州起义，86位革命党人牺牲。之后，孙中山五次到黄花岗拜祭英烈。

他颂赞烈士之举浩气四塞，令风云变色，也诉说实现民主共和的艰难曲折，他长长的叹息，至今仍在黄花岗上空萦回长响。

那是1912年，黄花岗起义一周年纪念日。孙中山率十余万群众在黄花岗祭悼烈士。彼时，黄花岗荒草寒烟，无边黄土，孙中山面对黄花岗上一抔土庄重肃立，致《祭黄花岗七十二烈士文》：

"维民国元年五月十五日，乃黄花岗七十二烈

◎图为1919年广州各界公祭七十二烈士

流年荣光 ■ 227

士殉义一周之辰，文适解职归来，谨为文致祭于诸烈士之灵曰：

呜呼！在昔建夷，窃夺中土，凶德腥闻，天神怨怒。嗟我辕孙，降侪台隶，含痛茹辛，孰阶之厉。种族义彰，俊杰奋发，讨贼义师，爰起百粤……

寂寂黄花，离离宿草，出师未捷，埋恨千古。不有先导，曷示来兹，春雷一声，万汇蕃滋。越有五月，武汉师举，荡荡白旄，大振我旅。天厌胡德，乃斩猰𤡴，廓清禹域，腥膻尽扫。成仁之日，距今一周，民国既建，用荐庶羞。虔告先灵，汉仪光复，九京有知，庶几瞑目。呜呼！尚飨。"

于气势磅礴、掷地有声的慷慨中，我们也读到一种悲怆。

"文适解职归来"——这是说，他此时已经不是中华民国临时大总统了。从1912年元旦，孙中山在南京发布《告全国同胞书》，定国号为"中华民国"就任中华民国临时大总统，到袁世凯3月10日在北京宣誓就任临时大总统，孙中山在南京仅仅做了三个月民国临时大总统，就迫于时势让位于袁世凯了。

此前南北战事胶着。

此前，1911年11月1日武昌起义，各省独立，与北洋军对峙。袁世凯此时是清廷总理大臣，负责组织责任内阁。12月，洋人李德立、有吉明、维礼德等在清廷和革命党之间斡旋，促成南北议和。

彼时的袁世凯，坐观晚清剧烈变动时局，通权达变，又在位上推行各项新政，获得了民间赞誉及西方各国的好感。所以，革命党在1912年年初，与当时世人一样，对袁并没有太大恶感。

鉴于南北对峙胶着的形势，革命党人屡次公开表示，如袁反清，即推举他为共和国总统。孙中山也表示，如清帝实行退位，宣布共和，则临时政府绝不食言，自己即可正式宣布解职，以功以能，首推袁氏。

于是，袁加紧了逼清帝退位。1912年2月13日，他通电全国，宣言赞成共和。孙中山得悉清帝退位后，即向南京参议院提出辞职，并推荐袁世凯。

15日，参议院选举袁世凯为临时大总统。

孙中山曾在让位时，对袁世凯提出了三个条件。其中，定都南京，遵守《中华民国临时约法》最为重要。但袁世凯哪里肯放手，脱离北洋军实力强大的北京，去到革命党力量强大的南京？

2月29日，他搞了个北京兵变，令外国人调军队达3000多人，入京保护自家使馆。敦请袁世凯南下就职的专使团，慑于形势，只好提议，取消袁世凯南下，准许其在北京就职。

袁世凯胜了极关键的一仗。3月11日，孙中山在南京颁布《中华民国临时约法》，按照此法，政府采用责任内阁制，总统不掌握实权。4月1日，孙中山正式离职。5日，临时参议院议决政府迁往北京。

5月15日，孙中山亲率各界人士十余万至黄花岗，主持公祭黄花岗烈士。

在祭文中，我们感受慷慨悲壮之气，也感受到彼时孙中山内心的诸多疑问，对民国前途的深深担忧。

袁世凯"兵变"，不肯到南京，除了保全自己力量的"常情"，更让人担心的是，北洋政府会不会执行《中华民国临时约法》？进而，革命党定下的民主共和国家体制，能够在北洋政府手中得到贯彻吗？民国倡导的自由、平等、博爱精神，中国先进知识分子已有所了解，但他们，有足够了解吗？更有中国的普通民众，他们明白什么是民主共和吗？

孙中山心中，充满了对年轻烈士的痛悼，也满是对未来局势的担忧。

从1912年前往黄花岗祭悼烈士之后，这段时间民国政府走得跌跌跄跄，举步维艰。

这段时间，北京政府当位，亦顺应历史潮流把人民称之为国家的主人，10月10日，中国有了第一个国庆节。但是，到了1915年，袁世凯便以大总统位而登基洪宪帝位，以帝制颠覆了共和国体。他死后，段祺瑞控制北京政府，并选举"新国会"，把《中华民国临时约法》放置一边。

◎1912年3月11日，孙中山以临时大总统名义颁布《中华民国临时约法》

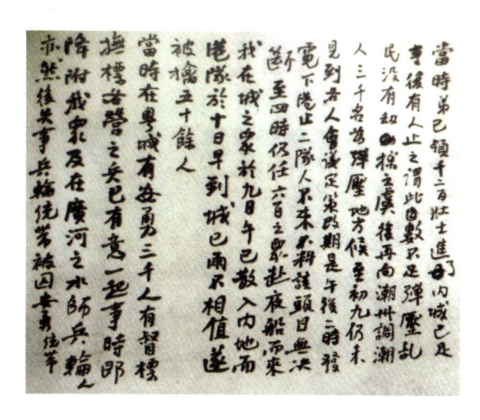

1917年，孙中山在广州大元帅府，率众护法。1920年秋，孙中山返回广州重掌帅印，并着手组建粤军第一师。1921年5月5日，中华民国政府成立，孙中山就任非常大总统。

1921年5月6日，即孙中山就任非常大总统的第二天，他亲往黄花岗，祭奠七十二烈士殉国十周年，并宣读祭文。

1921年12月，孙中山应邹鲁请求为《黄花岗七十二烈士事略》写序：

"满清末造，革命党人，历艰难险巇，以坚毅不挠之精神，与民贼相搏，踬踣者屡。死事之惨，以辛亥三月二十九日围攻两广督署之役为最。吾党菁华付之一炬，其损失可谓大矣！

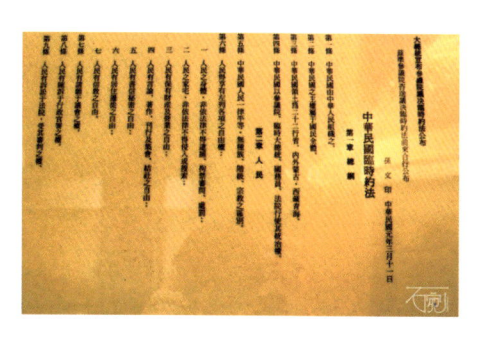

◎1895年孙中山发动第一次反清武装起义失败。1897年，孙中山和日本人宫崎寅藏笔谈广州起义失败经过的手稿

流年荣光　■　229

然是役也，碧血横飞，浩气四塞，草木为之含悲，风云因而变色。全国久蛰之人心，乃大兴奋。怨愤所积，如怒涛排壑，不可遏抑，不半载而武昌之革命以成。则斯役之价值，直可惊天地，泣鬼神，与武昌革命之役并寿。"

这段文字，是烈士去世十年后，得到的最高评价。而黄花岗起义在辛亥革命中的价值意义，也由非常大总统孙中山代表革命党人，十分肯定地指出：它与武昌革命之役并寿。

86位年轻烈士似可瞑目了。

但是，斯是时也，革命几乎流产，孙中山对烈士们说：

"环顾国内，贼氛方炽，机阱之象，视清季有加。而余三十年前所主唱之三民主义、五权宪法，为诸先烈所不惜牺牲生命以争之者，其不获实行也如故。"

孙中山痛心疾首，告知烈士，自己将督师桂林准备北上讨伐北洋军阀，他如宣誓般地说：

"则余此行所负之责任，尤倍重于三十年前。倘国人皆以先烈之牺牲精神为国奋斗，助余完成此重大之责任，实现吾人理想之真正中华民国，则此一部开国血史，可传而不朽。

否则不能继述先烈遗志且光大之，而徒感慨其遗事，斯诚后死者羞也！

余为斯序，既痛逝者，并以为国人之读兹编者勖。"

史称，此序一直鼓舞着北伐军，也成为后人最常引用的孙中山纪念烈士话语。

1922年4月25日，孙中山特派中华民国大总统府参军长徐绍祯赴黄花岗七十二烈士墓代为祭奠，并致祭文，感叹烈士喋血殉身，艰难缔造的民国，犹在危疑震撼中，并宣誓与背民贼不两立。

第二次护法运动失败后，1923年2月孙中山重返广州，建立陆海军大元帅大本营，之后平定叛乱，巩固广东根据地。

1924年5月1日晚，孙中山偕夫人宋庆龄出席岭南大学在怀士堂举行的黄花岗纪念会公宴。

第二天，孙中山派遣大本营参军长张开儒主祭黄花岗烈士，并宣读孙中山祭文，肯定烈士元精贯日的牺牲精神。

1924年11月，孙中山应邀北上商谈国是，于次年3月12日在北京病逝。

1921：青石纪功坊

当年，黄花岗一抔黄土，百年之后，它已被扩展修建成了占地12.9万平方米的大公园。

当年，同盟会会员潘达微冒着杀头危险，找到两粤广仁善堂，将散落的72具烈士

◎1911年，潘达微手绘《七十二坟秋草遍》之荒凉状况

遗骸收殓，丛葬于此堂所献之地红花岗（后改名黄花岗）；如今，烈士们与每天来公园晨练的广州百姓为伴，呼吸着松风柏香，安然长眠在广州了。

百多年前，孙中山第一次祭烈士时亲手种下的4株松柏，如今，一棵活着，它挺立在潘达微墓旁，微风吹过，细细絮絮，向观者述说当年情景。

当年，广东省政府决定拨款12万元，在原葬72名烈士处，修建一宏伟陵墓。但因政局动荡，至1917年72名烈士殉难6周年纪念时，也只立了个小小石碑，仍是一片荒凉。

1918年，滇军师长方声涛（烈士方声洞之兄）募款继续修建陵园，半年后，七十二烈士墓初具规模。

1919年，时任国民政府参议院议长的林森，募款海外，捐建了墓园"七十二烈士纪功坊"和自由女神像。

1921年，黄花岗七十二烈士墓园初成，孙中山亲书的"浩气长存"四字，被刻于纪功坊石壁上。

此后，墓园又增设黄花亭、西亭、正门等建筑。至1935年，墓园基本建成。中华人民共和国成立后，1951年，定名为"黄花岗公园"。

黄花岗起义死难者最后核实有86人，除最后一人未列于碑上，其余85人的姓名、别号、籍贯、年岁、职业、如何就义、就义地点和日期，均一一记刻在墓园石碑上。

因为当时收殓的72烈士埋葬于此，广州人习惯地称这里为"黄花岗七十二烈士墓"。

辛亥革命百年那年，园内工作人员对我说，是年，海外有四万同胞前来拜谒烈士。而每年，回国的海外同胞特别是台胞，大多数人都要到黄花岗来看看，追寻英烈足迹，缅怀孙中山。

◎1919年，林森募款捐建七十二烈士墓与自由女神像

是的，只要走进黄花岗公园，扑面而来的就是一个庄严磅礴，这里，到处都有中华民族推翻帝制的凿凿史迹。

是年，我见到许许多多的人们，沿着80多年前建成的230米的宽阔墓道，经过默池与石拱桥，走向七十二烈士墓与墓亭墓碑，站在那里肃立悼念。然后，他们走到墓后，那里，就是"缔造民国七十二烈士纪功坊"。

◎至1926年年初，已建成了宏伟墓园。图为2015年拍摄的墓亭墓道

"缔造民国七十二烈士纪功坊"由章炳麟先生篆体写成。坊身正面,刻着孙中山"浩气长存"四个大字。纪功坊东、西两侧,各有螺旋梯级抵达坊顶。纪功坊顶层中间,用了72块长方形石块,横列成崇山形的"献石堆",象征72位烈士。"献石堆"顶端,伫立着那尊自由女神像。

◎1921年孙中山亲书"浩气长存"刻于纪功坊石壁

纪功坊后,是《广州辛亥三月二十九日革命记》连州青石碑。该碑高3.92米,宽1.82米,是广州现存最大的连州青石碑刻。它将广州那段史实,永远保留在了这些石头上。

工作人员说,来黄花岗拜祭的,更多的是内地人民。那天,我见到一队年轻的海军官兵,在列队悼念英烈。仪式结束后,他们走到纪功坊坊顶上,仔细观看那"献石堆",仰望那高高伫立的自由女神像。

纪功坊叠石,一块块青莹沉重。这些叠石,刻有"美国保市顿中国国民党分部献石""中国国民党缅甸支部献石""英伦利物浦中国国民党支部献石""南非洲杜省中国国民党支部献石"等字样,它们全用中英文两种语言镌刻,由当时国民党海外各支部为先烈而献。

那些年轻英俊的海军,用相机拍下了这一块块献石。

此情此景,不由让人想起了百年前那些年轻人:林觉民、方声洞、喻培伦、林文、郑烈等,他们在国外留学归来,是为推翻腐朽帝制;他们写下与亲人诀别的遗书,慷慨赴难,为的是"常愿天下有情人都成眷属","为天下人谋永福也"。

2011:红粉石浮雕墙

林觉民的《与妻书》,让我们能够真切地体味他们的所思所想。

为了理想,他们甘愿献出生命。这种献身精神与献身行动,不管后世如何评价,它都生生地放在那

◎献石堆及自由女神像

◎辛亥百年建成的历史浮雕墙

儿，成一壮举，震撼人心。

穿越百年，现在的黄花岗公园郁郁葱葱，松柏成林，又有两万平方米的岭南乡土植物区，铺以废旧枕木，市民漫步公园，于树林间吟唱舞蹈，一派乐活欢喜景象。

有老人拿着相机拍照，遂上前询问，公园有新看点没有？老人说，有！今年，园中新建了一红粉石浮雕墙，很宏大哩！

听后一激灵。这是继黄花岗诸建筑建成几十年后，新建的革命历史浮雕墙，应该有得看！

2011年9月29日，浮雕墙落成揭幕。它长23米、高3米、厚0.25米，由广州雕塑院院长俞畅和著名雕塑家杨学军设计与制作，用红粉石雕刻。

我赶到那里的时候，见许多游客驻足观看《风起云涌》《前赴后继》《碧血黄花》《浩气长存》的英烈悲壮。但遗憾的是，此浮雕虽有部分英烈名字，但仍然缺少更多说明。

请教园中的一位老人，她说，若想详细了解情况，可去黄埔军校，那里，新开的辛亥革命纪念馆，可能有烈士更多的生平事迹介绍。

1912：中国飞行先行者之墓

中国飞行史上，冯如、杨仙逸是先驱者，他们也长眠在黄花岗松柏下。

墓园东北角，是"中国始创飞行大家冯如之墓"。99年前，中国第一个飞机制造家及飞行家冯如，在燕塘驾驶自制的飞机做表演时失事牺牲，时年29岁。孙中山痛失人才，发布了按少将阵亡例，抚恤冯如家属，及将其事迹宣付国史馆的命令。石头记载了这条命令，也记载了刚从清朝裹脚长辫子的落后中走出的中国，渴望科学富强的心迹与足迹。

杨仙逸是"空军之父"，他的墓地独立成园，墓门上方，放有一架模型飞机。1918年，杨仙逸应孙中山之召从美回国，组建中国第一支空军，1923年9月，他随孙中山出师讨伐陈炯明。后来，杨在鱼雷试验中以身殉职。孙中山闻讯，极为悲痛，下令追赠杨为陆军中将，并将其殉难之日9月20日，定为每年的航空节。

◎ "空军之父"杨仙逸墓

石雕艺术：可圈可点

黄花岗这个百年墓园，虽还不能说"古"，但园中石墓、石亭、墓碑、石柱形式多样且较集中，沉淀了近代石雕的艺术，极具观赏价值。

漫步园中，见到每个英烈墓的造型不同，其石亭、墓碑、石柱有圆有方，形制风格或庄严大方，或简洁现代，或繁复凝重，都反映了当年那些能工巧匠对先烈的敬慕之情。

邓仲元墓在黄花岗公园中颇具规模。它建于1924年，约3600平方米，有墓道门楼、铜像、乐台、八角亭和墓冢等。邓是辛亥革命名将，他被陈炯明暗杀后，孙

◎ 邓仲元先生像

流年荣光 ■ 235

○ 王昌烈士墓

中山痛失良将，追赠邓仲元为陆军上将，其墓园也建得很有分量。

史坚如、叶少毅、王昌、梁国一、韦德、金国治、雷荫棠等辛亥革命志士的墓穴，也值得一看。园中，一老者观看王昌墓时感叹："好有时代感！不封建，有特点！"

在墓园西角有红色铁门，门额上嵌"黄花岗七十二烈士墓道"十个大字，这是原来的正门，也即南门。侧门墓道旁，林立着北江同志先锋队等为悼念烈士而刻置的12座石碑。这些石碑，碑形各异，字体遒劲。近百年来，它们于东郊田野中，排排站立着，表达人们对烈士的衷心纪念。

沿南墓道向前，一对1926年制作的石雕龙柱冲向青天，它用连州青石雕刻，两条倒卷青龙盘旋，柱底是鲤鱼跳龙门，雕工精湛，令先辈希望中华民族腾飞奋斗之意，70多年来屹立不倒，陪伴英烈于风雨中。

○ 黄花岗公园南门

有生命的大元帅府

中国走向民主共和的路程，有上下三百年的转折承接，有众多志士在探寻摸索。他们走得踉踉跄跄，甚至经历了血雨腥风，他们用生命做代价，才铺就了一条走向自由平等的理想之路。

◎2015年，大元帅府门前新建广场，立孙中山铜像

因信息曾被选择性屏蔽，我们这一代，大多对辛亥革命至民国这段历史，脑中空白。及居广州，去到孙中山大元帅府、中山纪念堂、黄花岗烈士陵园、塔影楼、黄埔军校、中华全国总工会旧址、广东财政厅旧址等民国遗址，才知中国走向民主共和的路程，有上下三百年的转折承接，有众多志士在探寻摸索。他们争论，行动；他们失败，成功，失败，再成功；他们走得踉踉跄跄，甚至经历了血雨腥风。千百万的年轻人，用他们的生命做代价，才铺就了一条走向自由平等共和的理想之路。

广州的这些遗址，大多将历史复原了。那些珍贵的老照片，手写的旧文件，从百年老建筑里散发出来的独特气息，以及许多志士后裔源源不断贡献的第一手珍贵史料，都放在那里，它们渐渐漫濡，一片片水墨般散开，让我们看到那个时代，原来是这样的。中国革命的先行者孙中山，原来是这样炼成的。

中山纪念碑　总理遗嘱

走访广州诸多民国遗址后，感觉纷乱，这是一个非常复杂的时期：1911年，辛亥革命使中国摆脱了封建帝制，1911年后，军阀上台，共和政府并没有成功稳定地建立，南北各派政治力量角力较量。孙中山在广州三次建立政权，二次护法，均告失败。直到1923年，孙中山建立起了中华民国政府陆海军大元帅大本营，国民政府方得奠基。

流连在广州这些民国遗址里，仔细端详老照片，看到孙中山呕心沥血，不停奔走，组织革命。那些旧报纸上，登载着一次次失败，一次次牺牲，一次次流血惨烈。片片黑体大字不断冲撞神经，令人生出一种沉重悲情，百年辛亥，非常民国，中国近现代探索建立何种体制，何种国家，何等艰难！

◎ 大元帅府门北楼

辛亥革命已过百年，中外学者专家对它的研究，已经连篇累牍，汗牛充栋。研读它们，只见后人站在历史隧道这一头，各自从不同的角度，上下左右反思往昔。他们客观分析孙中山、共和理想、中国民主进程，摒弃了曾经将革命衍化为至高无上的神圣，摒弃将孙中山视为至高无上的偶像，感觉很爽。因为，中国人在进步，不似早前三十年或六十年，视领袖为神，或有意地把杰出人物及伟人举高为神。

孙中山在广州生活了许多年。从1886年秋，孙中山第一次来到广州，进入博济医院学医，到1924年11月13日早上，孙中山偕宋庆龄在天字码头登上永丰舰，与广州永别。孙中山在广州留下了他真实的足迹。

个人非常喜欢铭刻在著名的中山纪念碑正南面的那篇《总理遗嘱》。因为，它的内涵提纲挈领，博大精深，研读它，很快便会理清那种纷乱。在生命将要结束时，孙中山立下这遗嘱，不仅仅为中国指明了后来的方向，而且，它就是孙中山一生经验之精要。见遗嘱，如见伟人风范，此言不虚也。

让我们来重温《总理遗嘱》：

> 余致力国民革命凡四十年，其目的在求中国之自由平等。积四十年之经验，深知欲达到此目的，必须唤起民众，及联合世界上以平等待我之民族，共同奋斗。现在革命尚未成功，凡我同志，务须依照余所著《建国方略》《建国大纲》《三民主义》及《第一次全国代表大会宣言》，继续努力，以求贯彻。最近主张开国民会议及废除不平等条约，尤须于最短期间，促其实现。是所至嘱！

读着遗嘱，我们仿如回到1925年3月11日。那天，孙中山在宋庆龄搀扶下，拼尽全力在《总理遗嘱》上签字。第二天，也就是1925年3月12日，孙中山在北京铁狮子胡同行馆病逝。

我们现在知道，孙中山患的是肝癌。中医认为，这是由于长期肝气不舒，焦虑积劳导致的病。

孙中山致力国民革命四十年。从现存的老照片看，这四十年，孙中山的表情大都非常严肃，非常沉重，他忧国忧民地焦虑，承受着无穷无尽的使命与责任。

遗嘱里，孙中山明确，自己革命的目的是，求中国之自由平等。为了这一目标，实实在在地，他呕心沥血，死而后已。

最后，他用健康和生命换来了"积四十年之经验，深知欲达到此目的，必须唤起民众，及联合世界上以平等待我之民族，共同奋斗"。

直觉告诉我，这经验就是我们理解孙中山及那个时代的要领。孙中山这位民主革命的先行者，与当年许许多多先行者一道，行过许多路。这些路，一条条，都是前人从来没有开拓的。

大元帅府　护法大本营

一百多年前，中国在推翻最后一个封建王朝后，如何争取到自由平等，实现民主共和，孙中山他们那代人，面前堆积的满是瓦砾野草，前方无路，从哪里下脚？

但遥远的西方，貌似已有成功范例可资借鉴。于是，1912年1月，孙中山在南京就任中华民国临时大总统，颁布了至关重要的《中华民国临时约法》。

但，袁世凯很快掌握了权力，并在美国顾问"也许中国应该恢复帝制"的参谋鼓动下，于1916年，建立了称号为"洪宪"的"中华帝国"。

1916年6月，袁世凯在众人一片骂声中去世。段祺瑞控制了北京政府，但他依然拒绝恢复《中华民国临时约法》和国会。

从1911年，到1916年，满打满算过了六年，中国南北军阀各据一方，政权先后从袁世凯手中转到皖系、直系军阀手中。临时国会被解散，《中华民国临时约法》被废除，这段时间，孙中山被迫辞去临时大总统职务后，将同盟会改组为国民党，又一度出任全国铁路督办职务。1913年，因"宋教仁案"，发动"二次革命"讨伐袁世凯，失败。1914年，在日本创建中华革命党，重举革命旗帜。1915年，发表《讨袁宣言》，反对袁世凯称帝。

我们看到，孙中山这一段走得很辛苦。国内知识分子，许多都已"绝望"。面对段祺瑞拒绝恢复《中华民国临时约法》和国会，而要选举新国会的现实，孙中山焦虑，旧国会议员们也非常不满，于是，孙中山号召他们，为维护民主共和而护法。

1917年，150多名议员聚集在广州。孙中山效仿法国大革命前夕第三等级代表举行国民议会的先例，于8月25日召开"国民非常会议"，9月1日，选举孙中山为海陆军大元帅，陆荣廷和唐继尧为元帅。

但值得寻味的是，孙中山虽然当了大元帅，最开始却没有办公的地方。

陆荣廷和唐继尧，出于私利考虑，又不满军政府的组织原则和选举结果，推诿搪塞，不肯出任元帅一职。

占据广州的军阀陈炳焜，以珠江以北无房为由，不给孙中山安排大元帅府。

由此可见，护法运动一开始就遇到来自南方军阀的不配合。

所幸，位于珠江南岸的"广东士敏土厂"，因为经营不佳已经半停产。两座办公大楼闲置着，厂长表示，愿意拿给军政府使用。孙中山心里明白，珠江以北的桂系军阀不能依靠，而珠江以南，有同盟会会员李福林控制的福军做支持；而且，当年，这里没有填海，距珠江码头只有数十米，如果出现状况，随时可以由此前往停有军舰的白鹅潭。

因此，孙中山定址远离市区的"河南"，把"广东士敏土厂"，做了护法运动的大本营。

流年荣光

◎ 广东士敏土厂是清末三大水泥厂之一，图为1909年广东士敏土厂门楼，门前是珠江

在大元帅府，我们看到，第一次武装护法开始后，护法军先是不断取得胜利，但后来，桂系滇系军阀一心只想扩张自家实力，又不断破坏干扰。1918年5月，孙中山愤然辞去海陆军大元帅职，离开广州，第一次护法运动宣告失败。

此后，1920年秋，援闽粤军陈炯明部下邓仲元、何贯中等将领奉孙中山之命，回师平叛桂系军阀莫新荣，10月底收复广州。1920年年底，陈炯明率粤军从福建回师取得广东后，孙中山返回广州重掌帅印，并着手组建粤军第一师；1921年5月5日，中华民国政府成立，孙中山就任非常大总统，设总统府于观音山麓。

此后，孙中山领导中华民国政府，征讨桂系军阀并北伐。

但1922年6月16日，陈炯明发动武装叛乱，围攻总统府，孙中山幸免于难，8月，被迫再次离开广东，第

◎孙中山在大元帅府

二次护法运动又以失败告终。

1923年2月，孙中山再返广州，这次，他建立陆海军大元帅大本营。随后，平定了沈鸿英叛乱和东江叛乱，广东根据地得以进一步巩固。

到南楼去看孙中山

由护法运动几次失败这一段，我们看到，孙中山的一生充满坎坷。

由民国肇建以后直至护法运动，研究者们也直指，孙中山犯了这样那样的错误。

但最基本的常识告诉我们，后来者的胜利与成功，都是避开了先行者踩响的雷区；而先行者的功绩，正是在他们在没有路的状况下，在一片荆棘中，为后人蹚开了一条路。

孙中山并不完美。他在世时，人们就用各种眼光评价他。他身后，到今天，人们也对他褒贬不一。据说，民国时期的大企业家张謇，从来就不大喜欢孙中山。但1925年，他在南通追悼孙中山的大会上，却说了为多数人都接受的公道话。

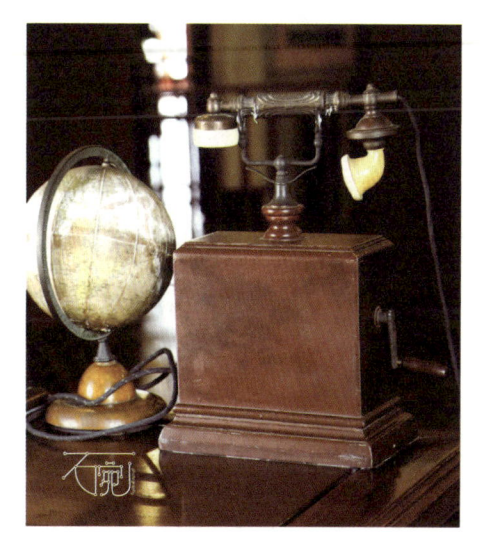

◎孙中山办公室陈设的老式电话机

流年荣光 ■ 243

他说:"若孙中山者,我总认为在历史上确有纪念之价值。其个人不贪财聚蓄,不自讳短处,亦确可以矜式人民。今中山死矣,其功其过,我国人以地方感受观念之别,大抵绝不能同。然能举非常大事人,苟非圣贤而圣哲为之左右,必有功过互见之处。鄙人愿我国人以公平之心理,远大之眼光对孙中山,勿爱其长而护其短,勿恨其过而没其功,为天下惜人才,为万世存正论!"

"不贪财聚蓄,不自讳短处","举非常大事","非圣贤而圣哲为之左右",这就是国人眼中,超拔出类的孙中山。

也是当时,还没有被推上神坛的孙中山。

在广州大元帅府,我庆幸自己看到的,是一个比较有血有肉的孙中山。且,在大元帅府展览的,是众星拱卫的孙中山,像"挥戈跃马满征尘——张发奎将军生平展""古应芬先生文献史料展""姚观顺将军生平展""彭素民先生文献史料展"等,几十位"帅府名人"展就在南楼回廊常设着,他们或英姿勃发,或温文儒雅,张张照片说明他们的功绩,逐一读过去,我们便明白了领袖是这样炼成的。

而大元帅府北楼,长期做着"孙中山在广州三次建立政权展""民国广州掠影"等主题展览;在南楼,则按孙中山当年入住时的模样保存,设置了"帅府百年复原陈列"等。

我喜欢直接看南楼。

在一楼转一圈,上二楼便是孙中山等人的办公室。

上三楼,便见孙中山的起居生活处。我发现,在几间屋子里,几乎每张桌子上都有一部黑色老式电话机。还有电报机。它也很耐看,也表明,20世纪20年代,广州已进入近现代,这里消费时髦,已站到了中国潮头上。

记得当时我很惊讶,因为看到孙中山夫妇的居室布置十分洋化:他们吃饭用的是刀叉,客房放置着铁艺床。这几近"洋化"的生活,彼时深触我心,让我明白,这就是20世纪20年代的广州,是早已洋派的广州。

◎孙中山、宋庆龄摄于大元帅府

后来，我更明白，早年孙中山便出国留学，他真真是个世界公民，他游历了美国、日本等地，在世界好多地方，留下了"博爱""天下为公""世界大同"的题词。而宋庆龄，少女时代便在美国读书，后来也去到日本。这两位深受西方文明影响的中国潮人，在广州大元帅府的家居布置，"洋化"便是很自然的，也是当年他们那一代，力求中国跟上世界现代脚步，看得见，摸得着，并留下来的实在证物。

帕内设计独特建筑

现在，反过头来，让我们说下"广东士敏土厂"——后来的大元帅府。

一张老照片，远景是珠江宽阔，帆影点点；近景，则是"广东士敏土厂"及两幢高耸洋派的办公楼。

◎1906年，帕内设计并拍摄的"广东士敏土厂"两幢办公楼

流年荣光 ■ 245

"广东士敏土厂"建于1906年。19世纪末,中日打了一场甲午战争,宣告了中国洋务运动的失败。但是,这个时期觉醒的中国人一方面扼腕叹息,另一方面,南北方弥漫实业救国思想,动手做实业,已化成广州地方官的行动。

当时,两广总督岑春煊,奏准清廷,开办广东士敏土(水泥)厂。澳大利亚建筑师帕内,为该厂设计了两栋办公楼。工厂引进了德国克虏伯、格鲁森厂的机器,工厂一开工,就成为中国近代第二家水泥厂,也是当时南中国产量规模最大的士敏土厂。

在《广州沙面》一文里,我曾介绍过澳大利亚建筑师亚瑟·威廉·帕内。这位杰出的建筑师,于20世纪初,在广州设计了许多独特建筑。像粤海关俱乐部、广东士敏土厂办公楼、广州邮政总局等,帕内在广州设计的建筑,目前还有11座被保存着。

广东士敏土厂办公楼虽然是欧式建筑,但帕内在中国吸收了岭南元素,又根据广州天气,将办公楼窗户做成百叶窗,排水管则做成竹节模样。

后来帕内返澳,依然倾力为华人设计房屋,而在广东士敏土厂建成百年时,广州人在此举行"帕内建筑艺术展",以纪念这位老外在广州建筑领域留下的珍贵遗产。

1917年,孙中山当选为中华民国军政府大元帅后,它变身成大元帅府。从此,这里不再是一间普通的大水泥厂。

现在,依然轩昂的百年建筑里,当年士兵的枪支仍在,原汁原味的总参议室、参谋处、秘书处等办公室仍在,几十位政要精英的老照片及资料,依然摆放在那里。沿着结实的木楼梯上楼,脚踏实地,你也许会感受到当年这里脚步匆忙,孙中山他们,在真实百年的深处,枪林弹雨。

有生命的大元帅府

孙中山纪念馆在国内不止一处。

但是,广州的大元帅府,是在不断生长且有生命的。因为,当年参加革命的帅府名人之后,大多生活在广州。他们在这座建筑里聚集,不断将手中珍藏的前辈历史资料贡献出来,那些百年往事,便由此变得更血肉丰满,鲜活实在了。

那年采访时,刚巧我们遇到了"白马会盟"的重要人物莫雄之子。

负责陈列研究工作的馆员介绍,莫先生贡献了1922年年底滇、粤、桂联军"白马会盟"组成西路讨贼军,支持孙中山三次建立革命政权的生动史料。

"白马会盟"在革命中起到了关键作用。当年,孙中山被陈炯明夺走军权,移居上海,他能够第三次返粤建立政权,能够让"联俄、联共、扶助农工"三大政策成功出台,能够与苏联和中共合作,甚至能够让黄埔军校有了起家资本,都与

◎南楼回廊常设"帅府名人展"

"白马会盟"组成西路讨贼军这支武装力量密切相关。

2008年,"帅府名人"初选时有逾千人。展出时,初选首批名人50多人,他们的英姿就陈列在帅府回廊上。

负责陈列研究工作的馆员还对我说,目前,他们的"帅府名人"专题相对更为成熟,也是广州大元帅府纪念馆系列展览的品牌之一。这个系列,根据不断收集整理的文物资料,"成熟一个,发展一个";他们又出版了《帅府名人文物史料选编》,不断完善孙中山在广州三次建立政权的史料,而当有了具有陈列意义的研究成果,便会及时做成生动可观的专题展览,让大家去了解。

回想2011年在大元帅府采访时,馆员们正

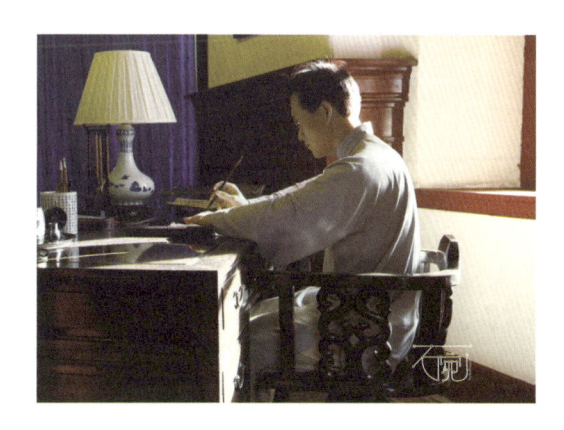

◎元帅府大本营总参议胡汉民蜡像。孙中山外出时,胡汉民代理大元帅之职

流年荣光 247

◎ 总参议室悬挂孙中山"大道之行也天下为公"手书，引人驻足

在筹划约请名人之后来元帅府座谈。当莫雄之子莫先生听到父亲救命恩人的儿子，也会来参加座谈时，非常激动。

由此可见，在广州大元帅府，依然发生着许多新鲜故事。珠江边上，孙中山旗下，当年出现了一批又一批杰出人物；而今天，他们的后人，反思历史，贡献富有生命力的独家资料，他们，在欢喜强大中国屹立之同时，再谈《总理遗嘱》，再谈孙中山毕生追寻的"求中国之自由平等"的理想目标，及"必须唤起民众，及联合世界上以平等待我之民族，共同奋斗"，感慨更切肤深刻。

广州大元帅府，是凝固的历史与音乐。同时，也是新鲜活泼和富有生命力的莽莽森林。

参考书目

1. 广州南越国遗迹申报世界文化遗产工作领导小组办公室编：《南越国遗迹》，广东人民出版社，2011年。
2. 张荣芳、黄淼章著：《南越国史》，广东人民出版社，2008年。
3. 梁凤莲著：《容度之间：岭南文化与文学的内省及互证》，花城出版社，2014年。
4. 单磊著：《南越王国传奇》，中国国际广播出版社，2014年。
5. 宁琳编著：《百越文化》，吉林文史出版社，2010年。
6. 刘圣宜著：《岭南近代文化论稿》，中山大学出版社，2007年。
7. 顾涧清，等，著：《广东海上丝绸之路研究》，广东人民出版社，2008年。
8. 叶曙明著：《广州旧事》，南方日报出版社，1999年。
9. 倪俊明、蒋志华、周翠玲编著：《老广州》，岭南美术出版社，2009年。
10. 政协龙川县委员会文史委员会编，王海主编：《龙川文史·第十九辑》，1998年。
11. 伍宇星编译：《19世纪俄国人笔下的广州》，大象出版社，2011年。
12. 魏小平、肖敬荣、王跃年主编：《百年记忆——清代广州》，中国档案出版社，2009年。
13. 范小静著：《十三行故事：1757—1842年的中国与西方》，花城出版社，2012年。
14. 梁碧莹著：《梁诚与近代中国》，中山大学出版社，2011年。
15. 龚伯洪著：《崔与之》，广东人民出版社，2010年。
16. 刘逸生主编，止水选注：《韩愈诗选》，生活·读书·新知三联书店，1980年。
17. 刘树森编：《基督教在中国：比较研究视角下的近现代中西文化交流》，上海人民出版社，2010年。
18. 郑连根著：《昨夜西风：那些活跃在近代中国的传教士》，中国华侨出版社，2011年。

19. 顾长声著：《传教士与近代中国》，上海人民出版社，2013年。
20. 柯伟林、周言主编：《不确定的遗产》，九州出版社，2012年。
21. 冯自由著：《革命逸史（上）》，金城出版社，2014年。
22. 中国人民政治协商会议广东委员会文史资料研究委员会编：《广东辛亥革命史料》，广东人民出版社，1981年。
23. 广州市政协文史资料委员会编：《广州文史第五十二辑：羊城杏坛忆旧》，广东人民出版社，1998年。
24. 王晓秋主编：《辛亥革命与世界：北京大学纪念辛亥革命一百周年国际学术讨论会论文集》，北京大学出版社，2013年。
25. 李穗梅主编：《帅府文物话辛亥》，广东科技出版社，2011年。
26. 闵杰编著：《影像辛亥（上）：晚清社会》，福建教育出版社，2011年。
27. 闵杰编著：《影像辛亥（下）：创立民国》，福建教育出版社，2011年。